墨香财经学术文库
“十二五”辽宁省重点图书出版规划项目

Mixture Model with Auxiliary Information and Its Application

带有辅助信息的混合模型及其应用

李少亭 ◎ 著

东北财经大学出版社
Dongbei University of Finance & Economics Press
大连

图书在版编目（CIP）数据

带有辅助信息的混合模型及其应用 / 李少亭著. —大连 : 东北财经大学出版社，2020.11
（墨香财经学术文库）
ISBN 978-7-5654-3721-2

Ⅰ. 带… Ⅱ. 李… Ⅲ. 信息系统-研究 Ⅳ. G202

中国版本图书馆CIP数据核字（2020）第203875号

东北财经大学出版社出版发行
大连市黑石礁尖山街217号 邮政编码 116025
网 址：http：//www.dufep.cn
读者信箱：dufep @ dufe.edu.cn
大连永盛印业有限公司印刷

幅面尺寸：170mm×240mm 字数：114千字 印张：8.25 插页：1
2020年11月第1版 2020年11月第1次印刷
责任编辑：田玉海 孙 平 责任校对：行 者
封面设计：冀贵收 版式设计：钟福建
定价：45.00元

教学支持 售后服务 联系电话：（0411）84710309

如有印装质量问题，请联系营销部：（0411）84710711

“东北财经大学‘双一流’建设项目
高水平学术专著出版资助计划”资助出版

前言

混合模型是用来描述一个大群体中若干个子群体的统计模型。有限混合模型不仅在理论研究上是统计学家们研究的重点问题，而且在实际中也有非常广泛的应用，许多复杂现象都可以用混合模型来描述。

在理论上，由于有限混合模型不满足经典统计学中的正则性，给研究者带来了巨大的困难，许多经典的统计结论将不再适用。特别是当混合模型退化到单一成分模型时，参数不可识别，似然比检验（LRT）统计量的极限分布也不是经典的卡方分布。针对有限混合模型非正则的性质，学者们不断提出新的方法来解决，其中主要包括对参数进行限制，对参数做惩罚以及基于EM算法来构造新的检验统计量等方法。本书将以一个新的思路来研究混合模型，即带有辅助信息的混合模型。

在实际中，混合模型在生物遗传学中的应用尤为重要。基因组印记是一个重要的表观遗传现象，与许多复杂疾病有着密切的关系。识别印记基因对研究复杂疾病的病因有很大的帮助。根据印记基因的特点，来自父母双方的等位基因有着不同的表达特性。在群体数据中，对杂合子样本，不能确定哪个等位基因来自父亲，哪个来自母亲，因此杂合子样本的表达值将符合一个两成分的混合模型。而纯合子样本的两个等位基因相同，相应的表达值将符合单成分模型。印记基因识别的统计问题是要识别来自父母双方等位基因的表达值是否有差异。而纯合子样本对杂合子混合模型的推断能够提供非常有用的信息。

本书是基于作者的博士学位论文进行修改完善后完成的。书中将以印记基因的识别作为基本问题，根据印记基因的特点建立了相应的混合模型，基于所提出的模型研究了各种辅助信息下模型的理论性质及其应用。具体的结构安排如下：

第1章是绪论，分别介绍了有关印记基因的相关背景知识，以及有关混合模型的相关理论和应用，特别是对有限混合模型介绍了其发展历程以及在理论上非正则的特点。结合印记基因和有限混合模型的特点提出了本书将要研究的印记基因识别问题。

在第2章中研究了群体数据下的印记基因检验问题。根据印记基因的特点建立了等方差的混合正态模型。在纯合子样本的辅助信息下，证明了模型中参数极大似然估计（MLE）的相合性，并推导出LRT统计量的极限分布为$0.5\chi_1^2+0.5\chi_2^2$。另外，运用本章的方法分析了精神分裂症数据中GABRB2基因的印记情况，得到了较可靠的结果。

在第3章中对群体数据的印记基因识别问题，考虑了异方差假定下带有辅助信息的混合模型。其中辅助信息依然由纯合子样本来提供。在异方差的假定下，为了解决似然函数无界的问题，本章中采取对方差加惩罚的方法。为了使原假设下的参数可识别，对混合比例也加了相应的惩罚。基于惩罚似然函数，证明了参数的估计有相合性，且LRT统计量有简单的极限分布χ_3^2，根据此结果进一步分析了精神分裂症数据。

在第4章中研究了带有辅助信息混合模型中的EM-检验方法。首先对EM-检验的方法以及EM-检验统计量的构造做了详细介绍，并分析了EM-检验统计量的特点。然后结合辅助信息以及EM-检验分别对第2、3章中提出的模型构造了新的EM-检验统计量，并推导了两种模型下检验统计量的极限分布。最后通过模拟研究和对精神分裂症数据的分析与似然比检验方法做了比较。

在第5章中考虑了核心家庭数据中的混合模型。每个核心家庭中包括孩子及其父母三位成员。利用父母基因型的信息分别提出了等方差以及异方差的混合模型。由于有父母的信息，辅助信息将更充足，使得复合混合模型的样本相对变少。只有当家庭中孩子和父母双方都为杂合子时，才不确定孩子的等位基因来源，样本的表达值才会符合两成分的混合模型。研究表明，充足的辅助信息足以使参数的MLE有相合性，并且似然比检验统计量有与经典统计学中一致的卡方极限分布。

第6章是研究结论与展望，总结了本书的主要研究内容及结论，分析了本书中的主要创新以及不足之处，并对基于辅助信息研究混合模型的未来进行了展望。

本书中的研究在统计理论和实际应用方面都有所突破。在统计理论方面为混合模型的研究提供了新的思路。利用辅助信息能够使得有限混合模型中的参数可识别，且参数估计也有相合性，参数估计的收敛速度会有所提高，同时似然比检验统计量也会有简单而且容易使用的极限分布，假设检验的功效也会大大提高。在应用方面，较好地解决了对群体数据印记基因的识别问题。

本书能够顺利完成，在此特别感谢东北财经大学"双一流"建设项目高水平学术专著出版的资助以及国家自然科学基金项目"带有辅助信息的混合模型的统计推断和应用"（项目号：11701071）的资助，感谢郭建华教授、陈家骅教授对我的悉心指导，感谢东北师范大学数学与统计学院、东北财经大学统计学院为我提供的各种资源，以及老师们和同学们对我的帮助。在本书的出版过程中，东北财经大学出版社的编辑给予了很多帮助，在此向他们致谢。

由于作者水平有限，书中难免有疏漏和不当之处，欢迎专家和学者给予批评指正。

李少亭

2020年10月

目录

1 绪论

本章主要介绍了本书的应用背景和理论基础。在应用背景中主要介绍了遗传学中印记基因的概念以及印记基因与一些复杂疾病的关系。在理论基础中介绍了统计学中混合模型的相关知识，包括混合模型的概念、统计推断问题以及混合模型的发展历程和研究现状。结合印记基因以及混合模型的特点，本书提出了印记基因的识别问题。

1.1 应用背景介绍

随着科技的不断发展，生物医学领域取得了巨大的进步。大规模基因组测序技术、基因芯片和质谱技术等高通量技术的发展，以及国际人类基因组单体型图计划（HapMap）的完成都为学者研究复杂疾病提供了方便。复杂疾病是由多种因素共同作用而发生的，主要包括遗传因素以及环境因素。复杂疾病的遗传模式非常复杂而且未知，通常是由多个基因与环境共同作用而导致的，常见的复杂疾病诸如精神分裂症、糖尿病、癌症、中风、心血管疾病等。复杂疾病在普通人群中发病率较高，因此研究复杂疾病的致病原因对人类有着重大的意义，而复杂疾病的多因素又给研究带来了巨大的挑战。

近年来，全基因组关联分析（GWAS）一直是遗传统计学中研究的热门问题，GWAS是指在人类全基因组范围内找出与疾病相关的序列变异，即寻找与疾病相关的单核苷酸多态性（SNP）。这一热门问题在研究复杂疾病的病因中发挥了重要的作用。自从2005年Science杂志报道了第一项具有年龄相关性的黄斑变性GWAS研究[38]后，许多常见的疾病像肥胖症、冠心病、糖尿病等也都有相关的研究报道[30, 58, 59]。

除了直接研究SNP与复杂疾病的关系外，更进一步的可以在表达水平层面上研究表观遗传学对复杂疾病的影响。表观遗传是指在基因的DNA序列不发生改变的情况下，基因的表达水平与功能发生改变，并产生可遗传表型的遗传现象。许多研究表明，表观遗传对许多复杂疾病有重要的影响，例如癌症[34]、心血管疾病[53]、精神疾病等[33]。表观遗传的现象很多，已知的有DNA甲基化、基因组印记、母体效应、基因沉默、核仁显性、休眠转座子激活和RNA编辑等。其中基因组印记是表观遗传学中的一个重要现象。本书主要是基于印记基因的识别而进行研究的。

基因组印记是一种不满足孟德尔定律的遗传现象。传统的遗传学认为，来自父亲和母亲的等位基因具有相同的效应，即同时关闭或同时表达，称为双等位基因表达。但近年发现，有一小部分等位基因只表达其中的一个，即单等位基因表达。这种对来源于父亲或母亲的等位基因做一印记，使其不表达的现象称为基因组印记，这种基因称为印记基因。这种现象是由于来自父方和母方的等位基因在产生配子时发生了修饰(DNA甲基化)，并传递给子代，使带有亲代印记的等位基因具有不同的表达特性。

来源于父亲的等位基因不表达称为父源印记，来源于母亲的等位基因不表达称为母源印记。来源于一方的等位基因完全不表达称为完全印记，部分不表达称为部分印记。对完全印记，图1-1中显示了表达值与基因印记的关系[54]。可以看出，对纯合子而言无论有无印记发生，其表达值都是一样的。而对于杂合子，在有印记的时候，杂合子的两种形态（A^PG^M与G^PA^M）的表达值是不同的，因此也可以认为这两种形态的杂合子来自两个不同的子群体。

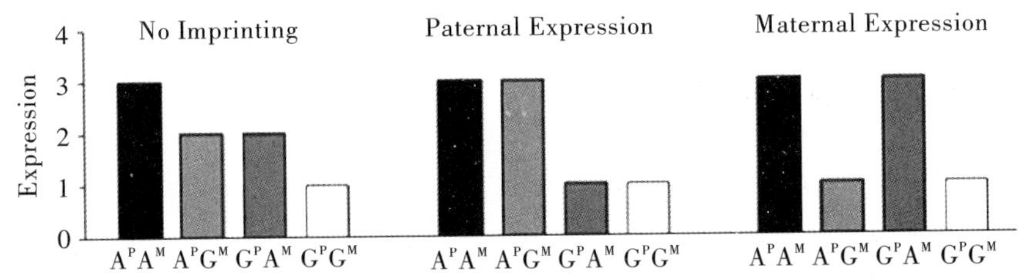

图 1-1　印记基因与表达值的关系

近年来，越来越多的疾病被报告与印记基因有关，比如精神分裂症、贝克威斯韦德曼氏症、癌症、神经缺陷、PraderWillim综合症以及Angelman综合症等[21, 67]。其中，香港科技大学薛红教授的研究团队在2010年报告了对精神分裂症数据[54]，GABRB2基因中存在印记的现象。因此，需要一些统计方法来对印记基因进行识别。已有的统计方法主要是基于家系或是家庭数据而提出的。其中一些方法是基于传递不平衡检验而提出的[31, 32, 62]，一些方法是针对取两值的响应变量而提出的[63, 68, 69]，也有一些方法是针对定量性状变量提出的[29, 36, 37, 70]，还有针对有序性状变量提出的方法[22]。而对于有些疾病，家庭数据或者家系数据是难以获得的。比如一些老年病，患者年龄都较大，这时患者的父母以及其他亲人的数据难以获得。再比如，精神分裂症数据中的样本都是从死者脑组织中提取的[64]，对这类患者来说，其父母的信息几乎不可能得到。对群体数据，印记基因识别的统计方法很有必要去研究。

目前，对于群体数据的印记基因检验问题，在统计学上一直没有一个比较好的办法去做。本书将基于Li等（2015）[44]的研究，对群体数据的印记基因识别问题进行详细的讨论。根据图1-1中印记基因的特点建立适当的统计模型来对印记基因进行统计推断。其中分析了Pun等在2010[54]年报告的精神分裂症数据，考虑了基因GABRB2中与精神分裂症有强关联的SNP[48]。对连续性状值，考虑了RNA两种剪接异构体β_{2L}，β_{2S}[75]的表达值。具体的数据描述将在第2章的实际数据分析中详细介绍。

1.2 混合模型介绍

1.2.1 混合模型

在统计学中，混合模型是用来描述一个大群体中存在若干子群体的统计模型，其中不需要知道观测数据来自哪个子群体。在实际应用中，数据往往是复杂的，在某些局部具有不同的特性。按照不同的特性，数据总是可以被认为来自不同的子群体。例如，在人群中有男有女，有小孩有大人，有来自不同国家和地区的人，等等。因此，混合模型在实际中有非常广泛的应用。

早在1894年，著名统计学家Karl Pearson就利用混合模型拟合了有关螃蟹的生物数据[50]，该数据中包含了1 000只螃蟹的前额与体长的比值。图1-2显示了该数据的直方图以及混合模型的拟合效果图。从图中能够看出数据并不服从简单的单一正态分布，用一个两成分的混合正态分布能够对数据有较好的拟合。在此之后，Karl Pearson于1906年倡导将混合模型作为研究生物学问题的主要方法[52]。在Roeder（1994）[57]以及Schork，Allison & Thiel（1996）[60]的研究中利用混合模型描述了遗传学中的问题。

混合模型除了在实际中有广泛的应用，在统计学的理论方法中也是非常重要的研究工具，众多统计方面的研究问题都与混合模型有着密切的关系。例如，分类、聚类、随机效应模型、重复测量模型、随机系数回归模型、贝叶斯（Bayes）方法、经验Bayes、层次Bayes、测量误差模型、隐结构模型、卷积等统计问题都会涉及混合模型[2]。因此，研究混合模型无论是在实际应用中还是在统计理论方法上都有重要的作用。

混合模型通常通过一个已知的分布族来构造。假定混合模型中每个成分都来自分布族$\{f(x;\theta):\theta\in\Theta\}$，$f(x;\theta)$为概率密度函数，$\Theta$为参数空间，又$Q(\theta)$为定义在$\Theta$上的分布函数，则混合分布的密度为：

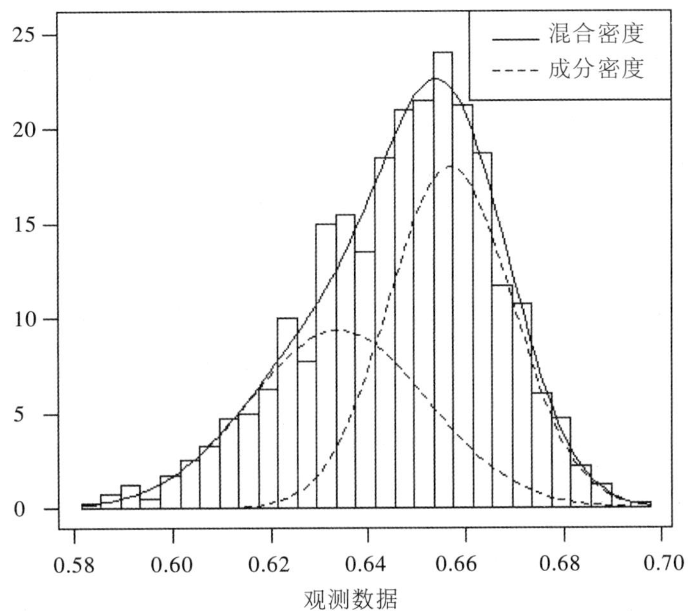

图1-2　印记基因与表达值的关系

$$f(x;Q)=\int_{\theta}f(x;\theta)dQ(\theta) \tag{1.1}$$

当分布函数$Q(\theta)$对应有连续的密度函数时，$dQ(\theta)=q(\theta)d\theta$，则混合分布（1.1）变为：

$$f(x;Q)=\int_{\theta}f(x;\theta)dQ(\theta)=\int_{\theta}f(x;\theta)q(\theta)d\theta$$

当$Q(\theta)$为取有限个值的离散型随机变量的分布函数时，假设参数空间$\Theta=\{\theta_1,\theta_2,\cdots,\theta_m\}$，在每个支撑点上的概率对应为$\pi_1,\pi_2,\cdots,\pi_m$，则混合分布（1.1）变为一个有限混合分布：

$$f(x;Q)=\sum_{j=1}^{m}\pi_j f(x;\theta_j)$$

混合模型中常用的成分密度$f(x;\theta)$有连续型的正态分布、指数分布[39, 65, 73]以及离散型的二项分布[18]、泊松分布等。

1.2.2　有限混合模型

有限混合模型对统计学者以及科研工作者来说都是非常感兴趣的问题。有限混合模型可以在天文学、生物学、遗传学、医学、经济学、工程学、市场营销学、物理学以及社会科学等诸多领域中得到应用[49]。在统计学方面，人们最关心的问题是要检验随机样本是来自单一成分的分布，还是来自多个成分的混合分布。另外，混合分布中成分的个数也是人们所关心的，即样本是来自两个成分的混合分布还是三个成分的混合分布，或是更多成分的混合分布。由于有限混合模型不满足经典统计学中的正则条件，所以统计学者们对这些问题的研究一直面临着巨大的挑战[11]。同时，这些问题也是近年来统计学家们研究的重点问题。

有限正态混合模型是在有限混合模型中，成分密度为正态分布的特殊情况。由于正态分布在实际应用中的广泛性，有限正态混合模型也是实际中比较常用的混合模型。对两个成分的正态混合模型，假设有随机样本$X_1,X_2,\cdots,X_n$来自正态混合模型

$$(1-\pi)N(\theta_1,\sigma_1^2)+\pi N(\theta_2,\sigma_2^2) \tag{1.2}$$

对该模型，通常所关心的问题是检验随机样本是来自一个正态总体，还是来自两个正态总体的混合。

当模型（1.2）两个方差参数相等时，即$\sigma_1^2=\sigma_2^2=\sigma^2$时，假设检验问题为：

$$H_0:\pi(1-\pi)(\theta_1-\theta_2)=0 \quad \text{vs} \quad H_0:\pi(1-\pi)(\theta_1-\theta_2)\neq 0$$

即检验

$$H_0:N(\theta,\sigma^2) \quad \text{vs} \quad H_0:(1-\pi)N(\theta_1,\sigma_1^2)+\pi N(\theta_2,\sigma_2^2)$$

其中，$0<\pi<1$，$\theta_1\neq\theta_2$。对该检验问题，通常似然比检验（LRT）方法是一个很好的选择。然而在原假设下模型的参数真值依赖于参数空间的边界，且参数的表示不唯一，分别对应于以下三种情况：

$\text{I}:\pi=0,\theta_1\neq\theta_2$

$\text{II}:\pi=1,\theta_1\neq\theta_2$

$\text{III}:\pi(1-\pi)\neq 0,\theta_1=\theta_2$

这个事实不满足经典统计学中模型的正则条件，使得在原假设下参数不可识别，参数的极大似然估计（MLE）也就没有经典理论中的相合性以及渐近正态性。因此，1938年Wilks建立的似然比检验统计量有渐近卡方分布的结论[71]在这里将不再适用。

模型在原假设下的非正则性给人们研究有限混合模型的渐近理论带

来了很大的困难。1985年，Hartigan首次发现LRT统计量的极限分布不是卡方分布，而且在均值无界时，LRT统计量将趋于无穷[27]。在Bickel & Chernoff（1993）[1]，Liu & Shao（2004）[47]，以及Hall & Stewart（2005）[26] 的论文中也有相关的讨论。

为了解决混合模型非正则的问题，之后的研究都是在均值有界的假定下展开的。Ghosh & Sen（1985）[25] 在假定有均值分离条件下研究了似然比检验的极限分布，即均值满足对某个$\varepsilon>0$，有$|\theta_1-\theta_2|>\varepsilon$。然而这个分离条件通常情况下并不能成立。许多研究者试着去掉这个分离条件并证明了似然比统计量的极限分布为一个高斯过程上界的函数形式，比如 Dacunha - Castelle & Gassiat（1997）[19]，Lemdani & Pons（1999）[40]，Chen & Chen（2001a，b，2003）[4-6]，Liu & Shao（2003）[46]，Garel（2005）[24] 等。尽管推导出了似然比检验统计量的极限分布，但是这些有关高斯过程上界的极限分布只是形式上的，在实际计算中很难使用。进一步，Chen（1998）[9]，Chen & Kalbfleisch（2001）[3]，Chen & Kalbfleisch（2005）[7]，Fu，Chen & Li（2008）[23] 提出了基于对混合比例加惩罚函数的修正似然比检验。通过考虑对混合比例的惩罚函数，使得混合比例π的估计不能为0或1，从而使得参数可被识别，解决了模型非正则的问题，进而为研究似然比检验统计量的极限分布提供了方便，最终得到了简单且能够方便使用的极限分布。

当模型（1.2）中的两个方差参数不相等时，对数似然函数为：

$$\ell_n(\pi,\theta_1,\theta_2,\sigma_1,\sigma_2)=\sum_{i=1}^{n}\log\{(1-\pi)\phi(X_i;\theta_1,\sigma_1^2)+\pi\phi(X_i;\theta_2,\sigma_2^2)\}$$

其中，$\phi(X;\theta,\sigma^2)$表示正态分布$N(\theta,\sigma^2)$的密度函数。这时所关心的检验问题变为：

$H_0:\pi(1-\pi)(\theta_1-\theta_2)=0$且$\pi(1-\pi)(\sigma_1-\sigma_2)\neq 0$

对异方差的模型，在原假设下，参数的真值仍然依赖于参数空间的边界，并且在原假设下参数也对应有三种表示的情况。因此，异方差模型同样不满足正则条件。除了模型的非正则性，在异方差的模型中还存在似然函数无界的问题。若在模型中令$\theta_1=X_1$，$0<\pi\leqslant 1$，当$\sigma_1\to 0$，$\sigma_2\geqslant\varepsilon>0$时，对数似然函数将趋于无穷。因此，对异方差的混合正态模型，参数的MLE不是相合估计，也不能被直接使用。Hathaway（1985）[28]，Redner（1981）[55]在研究中对方差参数空间做了限制。而在Chen，Tan & Zhang（2008）[17]，Chen & Li（2009）[12]，Chen（2017）[10]的研究中，对方差参数做了惩罚，使得基于惩罚似然的估计有相合性。类似地，在Chen，Li & Tan（2016）[16]有关混合伽马分布的研究中，在对形状参数的惩罚下得到了参数估计的相合性。

基于惩罚似然函数的修正似然比检验统计量虽然有较简单的极限分布形式，然而这样的结论是需要在两个条件下才成立的。第一是在原假设下，要求参数的Fisher信息量是有界的；第二是要求参数空间为欧式空间中的紧集。在Li，Chen & Marriott（2009）[41]和Chen & Li（2009）[12]的研究中指出了对一些模型，其Fisher信息量是趋于无穷的。为此，Li，Chen & Marriott（2009）[41]提出了EM-检验方法。混合模型的参数估计通常需要使用经典的EM算法[20]。EM-检验方法基于EM算法的迭代公式构造了EM-检验统计量。这一方法不再需要Fisher信息量的有界性和参数空间的紧性，就可以得到较简单且易于使用的极限分布。EM-检验统计量的构造将在第4章中详细介绍。

在有限混合模型中，除了关心两成分混合模型中的假设检验问题（齐一性检验）外，如何确定混合模型的成分个数也是非常值得关心的问题。在Li & Chen（2010）[42]，Chen & Li（2011）[13, 14]，Chen，Li & Fu（2012）[15]的论文中研究了成分个数$m \geqslant 2$的检验问题，构造了相应的EM-检验统计量，也得到了简单易使用的极限分布。本书中没把这个问题作为主要的研究内容。

另外，在R软件包“MixtureInf”中提供了对常用的有限混合模型的统计推断问题，可以很方便地拟合混合模型，求出基于惩罚似然的PMLE以及利用EM-检验方法检验成分个数[45]。

1.3 本书的主要研究内容

对有限混合模型，模型在原假设下的非正则性给统计研究者带来了巨大的困难。非正则性使得模型的参数在原假设下不可识别，许多经典统计理论不再适用，似然比检验统计量的极限分布也不是经典理论中的卡方分布。对此问题，研究者们通过对参数空间做限制、对参数做惩罚以及构造EM-检验统计量等各种办法来解决。本书将从另一个角度来研究有限混合模型，即考虑带有辅助信息的混合模型，利用一些辅助信息使得参数能够被识别，从而解决混合模型非正则性的问题。

辅助信息，指的是能为混合模型中参数的识别、参数估计的收敛性提供帮助的信息。这样的信息往往可以从额外的数据中获得。对不同的具体问题有着不同的辅助信息。例如，对印记基因识别的问题，目标是要检验从父亲或母亲遗传来的基因在表达上是否有差异。从图1-1中可以看出，根据等位基因的来源不同，杂合子有两种形态，这两种形态的表达值是不同的。而对杂合子样本，不能确定是哪一种形态，即哪个等位基因来自母亲，哪个来自父亲。因此，杂合子样本的表达值可以认为来自一个两成分的混合模型。而对纯合子样本，来自父母双方的两个等位基因是相同的，纯合子样本的表达值可以认为是符合单个成分的模型。这时两组纯合子的样本就能够对杂合子满足的混合模型中的参数提供信息，使得混合模型中的参数能够被识别，并且似然比检验统计量有简单易使用的形式。除此之外，家系数据或是家庭数据中父母以及兄弟等也都可以为混合模型提供信息，临床试验中的各种协变量信息也可以提供额外的辅助信息。

在本书中，以印记基因的识别作为基本问题，研究了各种辅助信息下混合模型的理论性质。其中重点考虑了群体数据中纯合子样本对混合模型的辅助信息、核心家庭数据对混合模型的辅助信息等。在各种模型中还分别考虑了等方差和异方差两种情形。每种情形下，都讨论了参数的可识别性、参数估计的相合性以及似然比检验统计量的渐近分布等统计学基本问题。另外，还将带有辅助信息的混合模型与EM-检验方法相结合，提出了新的EM-检验方法。本书的研究在统计理论和实际应用方面都有所突破。在统计理论方面为混合模型的研究提供了新的思路，利用辅助信息不仅在理论上使似然比检验统计量有简单且易使用的极限分布，而且假设检验的功效还会大大提高。在应用方面，较好地解决了对群体数据印记基因的识别问题。

2 带有辅助信息且等方差的混合模型

本章主要考虑带有辅助信息时，混合正态模型中方差相等的情形。针对遗传学中印记基因识别的问题，对杂合子的样本（表达值），假设其符合一个两成分的混合正态模型，对纯合子的两组样本（表达值）则作为辅助信息。利用这些辅助信息来研究混合模型相应的理论性质，并实现在印记基因检验问题上的应用。具体地，首先根据印记基因的特点来建立合理的模型。之后在该模型下，证明了参数极大似然估计的相合性以及推导了似然比检验统计量的极限分布，并做了相应的模拟研究工作以及实际数据分析。

2.1 模型的建立

考虑有n个个体，观测数据为(x_i,y_i)，$i=1,2,\cdots,n$。对第i个个体，x_i表示目标SNP的次等位基因的个数，其取值范围为$x_i\in\{0,1,2\}$，三个不同的取值也表示了SNP的三种基因型；y_i表示个体的连续型性状，例如mRNA的表达值等。按照三种不同的基因型分类，样本y_i，$i=1,2,\cdots,n$

可以分为三组子样本，分别记为$y_{01},y_{02},\cdots,y_{0n_0}$；$y_{11},y_{12},\cdots,y_{1n_1}$；$y_{21},y_{22},\cdots,y_{2n_2}$。其中，$y_{ij}$为子样本$Y=j$中的第$i$个个体的性状值。三组子样本的样本量分别记为$n_0$，$n_1$，$n_2$。

对纯合子样本$X=0,2$，来自父亲与母亲的等位基因是相同的，而对于杂合子样本$X=1$，不能得知哪个等位基因来自父亲，哪个等位基因来自母亲。因此，对子样本$X=1$，需要定义一个潜在变量H，$H=0$或$H=1$分别表示次等位基因的两个不同的父母来源。有了这个定义，同样是杂合子的个体，其基因型有两种形态（$H=0,1$）。按照孟德尔定律，这两种形态的基因型在其对应的性状值Y上是没有差异的。而对于印记基因，由于在遗传中的一些标记，这两种形态的基因型所对应的性状值Y有着不同程度的差异。因此，这里所关心的统计问题可以用一个假设检验问题来描述，就是要检验这两种形态的性状值是否有差异，也叫作印记基因检验。

设给定X和H时，性状值Y服从正态分布，即对子样本$X=0$和$X=2$，Y服从通常的正态分布。而对子样本$X=1$，Y服从两个成分的混合正态分布，其混合比例记为$\pi=\Pr(H=1)=1-\Pr(H=0)$，其中，假定两个成分的方差参数是相等的。进一步再假定SNP对性状Y有可加效应，则模型可表示为：

$$\begin{cases} Y\mid X=0\sim N(\mu_0,\sigma_0^2) \\ Y\mid X=0\sim \pi N(\mu_0+\beta^P,\sigma_1^2)+(1-\pi)N(\mu_0+\beta^M,\sigma_1^2) \\ Y\mid X=2\sim N(\mu_0+\beta^P+\beta^M,\sigma_2^2) \end{cases} \tag{2.1}$$

其中，μ_0为截距项参数，也为子样本$X=0$中性状Y的期望，β^P与β^M分别为次等位基因来自父亲、母亲的可加效应，σ_0^2，σ_1^2，σ_2^2分别为三组子样本的方差参数。

令$\mu_{11}=\mu_0+\beta^P$，$\mu_{12}=\mu_0+\beta^M$，$\mu_2=\mu_0+\beta^P+\beta^M$，并当$\beta=\beta^P=\beta^M$时，$\mu_1=\mu_0+\beta$。根据模型（2.1），对数似然函数为：

$$
\begin{aligned}
\ell_n(\theta,\pi) &= \sum_{i=1}^{n_0}\log\phi(y_{0i};\mu_0,\sigma_0^2)+\sum_{i=1}^{n_2}\log\phi(y_{2i};\mu_2,\sigma_2^2)\\
&\quad+\sum_{i=1}^{n_1}\log\{\pi\phi(y_{1i};\mu_{11},\sigma_1^2)+(1-\pi)\phi(y_{1i};\mu_{12},\sigma_1^2)\}\\
&\triangleq \ell_{0n}(\mu_0,\sigma_0)+\ell_{2n}(\mu_2,\sigma_2)+\ell_{1n}(\Psi,\sigma_1)
\end{aligned}
\tag{2.2}
$$

其中，$\theta=(\mu_0,\beta^P,\beta^M,\sigma_0^2,\sigma_1^2,\sigma_2^2)^\tau$ 记为除混合比例参数 π 外其余所有的参数，$\Psi(\mu)$为一个两点分布的分布函数：

$$\Psi(\mu)=\pi I(\mu_{11}\leqslant\mu)+(1-\pi)I(\mu_{12}\leqslant\mu)$$

$I(\cdot)$为示性函数。进而有

$$
\begin{aligned}
\ell_{1n}(\Psi,\sigma_1) &= \sum_{i=1}^{n_1}\log\{\pi\phi(y_{1i};\mu_{11},\sigma_1^2)+(1-\pi)\phi(y_{1i};\mu_{12},\sigma_1^2)\}\\
&= \sum_{i=1}^{n_1}\log\int\phi(y_{1i};\mu,\sigma^2)\,d\Psi(\mu)
\end{aligned}
$$

2.2 参数的估计及其相合性

2.2.1 极大似然估计

在模型（2.1）中，显然参数β^P和β^M是对称并且可交换的，因此β^P与β^M是不可识别的。为了使参数能够唯一被识别，这里对参数做一个限制，使得参数满足$\beta^P\leqslant\beta^M$。在该限制条件下，去求使对数似然$\ell_n(\theta,\pi)$最大的参数估计，记为$(\hat{\theta},\hat{\pi})$。参数的MLE可以利用著名的EM算法来估计[20]。

在杂合子样本$X=1$中，假定潜在变量H是能够观测到的，记为h_i，$i=1,2,\cdots,n_1$，则完全对数似然函数为：

$$
\begin{aligned}
\ell_n^c(\theta,\pi) &= \sum_{i=1}^{n_0}\log\phi(y_{0i};\mu_0,\sigma_0^2)+\sum_{i=1}^{n_2}\log\phi(y_{2i};\mu_2,\sigma_2^2)\\
&\quad+\sum_{i=1}^{n_1}h_i\log\phi(y_{1i};\mu_{11},\sigma_1^2)+\sum_{i=1}^{n_1}(1-h_i)\log\phi(y_{1i};\mu_{12},\sigma_1^2)\\
&\quad+\left\{\sum_{i=1}^{n_1}h_i\right\}\log\pi+\left\{\sum_{i=1}^{n_1}(1-h_i)\right\}\log(1-\pi)
\end{aligned}
$$

在EM算法的E步中首先要求出在给定数据y_{1i}以及当前参数$\theta^{(t)}$与$\pi^{(t)}$时，h_i的条件期望为：

$$\gamma_i^{(t)}=\frac{\pi^{(t)}\phi(y_{1i};\mu_{11}^{(t)},(\sigma_1^2)^{(t)})}{\pi^{(t)}\phi(y_{1i};\mu_{11}^{(t)},(\sigma_1^2)^{(t)})+(1-\pi^{(t)})\phi(y_{1i};\mu_{12}^{(t)},(\sigma_1^2)^{(t)})}$$

然后将$\ell_n^c(\theta,\pi)$中的h_i替换为$\gamma_i^{(t)}$，进而可以得到$\ell_n^c(\theta,\pi)$的条件期望，即Q函数为：

$$\begin{aligned}
&Q(\theta,\pi,\theta^{(t)},\pi^{(t)})\\
&=\sum_{i=1}^{n_0}\log\phi(y_{0i};\mu_0,\sigma_0^2)+\sum_{i=1}^{n_2}\log\phi(y_{2i};\mu_2,\sigma_2^2)\\
&\quad+\sum_{i=1}^{n_1}\gamma_i^{(t)}\log\phi(y_{1i};\mu_{11},\sigma_1^2)+\sum_{i=1}^{n_1}(1-\gamma_i^{(t)})\log\phi(y_{1i};\mu_{12},\sigma_1^2)\\
&\quad+\left\{\sum_{i=1}^{n_1}\gamma_i^{(t)}\right\}\log\pi+\left\{\sum_{i=1}^{n_1}(1-\gamma_i^{(t)})\right\}\log(1-\pi)
\end{aligned}$$

在M步中，要求出使$Q(\theta,\pi,\theta^{(t)},\pi^{(t)})$最大的参数$\theta$和$\pi$。从Q函数的形式中可以看出，参数$\pi$的求解是容易的，其解为：

$$\pi^{(t+1)}=n_1^{-1}\sum_{i=1}^{n}\gamma_i^{(t)}$$

接下来，首先固定方差参数σ_0^2，σ_1^2和σ_2^2为当前参数，然后求解均值参数μ_0，μ_{11}，μ_{12}以及μ_2，使得$Q(\theta,\pi,\theta^{(t)},\pi^{(t)})$最大。将各个子样本的均值分别记为

$$\bar{y}_0=n_0^{-1}\sum_{i=1}^{n_0}y_{0i},\quad \bar{y}_2=n_2^{-1}\sum_{i=1}^{n_2}y_{2i}$$

$$\bar{y}_{11}=\{n_1\pi^{(t+1)}\}^{-1}\sum_{i=1}^{n_1}\gamma_i^{(t)}y_{1i},\quad \bar{y}_{12}=\{n_1(1-\pi^{(t+1)})\}^{-1}\sum_{i=1}^{n_1}(1-\gamma_i^{(t)})y_{1i}$$

又令

$$v_0^{(t)}=n_0^{-1}(\sigma_0^2)^{(t)},\quad v_2^{(t)}=n_2^{-1}(\sigma_2^2)^{(t)}$$

$$v_{11}^{(t)}=\{n_1\pi^{(t+1)}\}^{-1}(\sigma_1^2)^{(t)},\quad v_{12}^{(t)}=\{n_1(1-\pi^{(t+1)})\}^{-1}(\sigma_1^2)^{(t)}$$

则均值参数的解分别为：

$$\mu_0^{(t+1)}=\bar{y}_0+\frac{v_0^{(t)}}{v_0^{(t)}+v_{11}^{(t)}+v_{12}^{(t)}+v_2^{(t)}}(\bar{y}_{11}^{(t)}+\bar{y}_{12}^{(t)}-\bar{y}_0-\bar{y}_2)$$

$$\mu_{11}^{(t+1)} = \bar{y}_{11}^{(t)} + \frac{v_{11}^{(t)}}{v_0^{(t)} + v_{11}^{(t)} + v_{12}^{(t)} + v_2^{(t)}}(\bar{y}_{11}^{(t)} + \bar{y}_{12}^{(t)} - \bar{y}_0 - \bar{y}_2)$$

$$\mu_{12}^{(t+1)} = \bar{y}_{12}^{(t)} + \frac{v_{12}^{(t)}}{v_0^{(t)} + v_{11}^{(t)} + v_{12}^{(t)} + v_2^{(t)}}(\bar{y}_{11}^{(t)} + \bar{y}_{12}^{(t)} - \bar{y}_0 - \bar{y}_2)$$

$$\mu_2^{(t+1)} = \bar{y}_2 + \frac{v_2^{(t)}}{v_0^{(t)} + v_{11}^{(t)} + v_{12}^{(t)} + v_2^{(t)}}(\bar{y}_{11}^{(t)} + \bar{y}_{12}^{(t)} - \bar{y}_0 - \bar{y}_2)$$

当均值参数更新后，固定均值参数，对方差参数进行更新，使得 $Q(\theta,\pi,\theta^{(t)},\pi^{(t)})$最大，结果为：

$$(\sigma_0^2)^{(t+1)} = n_0^{-1}S_0^{(t)},\ (\sigma_1^2)^{(t+1)} = n_1^{-1}(S_{11}^{(t)} + S_{12}^{(t)}),\ (\sigma_2^2)^{(t+1)} = n_2^{-1}S_2^{(t)}$$

其中

$$S_0^{(t)} = \sum_{i=1}^{n_0}(y_{0i} - \mu_0^{(t+1)})^2,\ S_2^{(t)} = \sum_{i=1}^{n_2}(y_{2i} - \mu_2^{(t+1)})^2$$

$$S_{11}^{(t)} = \sum_{i=1}^{n_1}\gamma_i^{(t)}(y_{1i} - \mu_{11}^{(t+1)})^2,\ S_{12}^{(t)} = \sum_{i=1}^{n_1}(1 - \gamma_i^{(t)})(y_{1i} - \mu_{12}^{(t+1)})^2$$

分别为各子样本的残差平方和。

经过上述E步、M步的迭代，每一步迭代后对数似然函数都会有所增加。当对数似然函数（2.2）不再增加时（相邻两步的对数似然函数值相差不超过10^{-5}），则认为EM算法收敛，此时就可以获得参数的MLE。然而在很多情况下，当EM算法收敛时，似然函数不一定能达到全局最大[74]。特别是对混合模型，似然函数往往具有多峰的特点。因此，为了能够增大获得似然函数全局最大的机会，通常需要选择多个初值来尝试计算。将参数的矩法估计作为EM算法的初值是一个很好的选择[2]。另外，在模拟研究中，参数的真值也可以作为EM算法的一个初值。

2.2.2 相合性

在经典统计理论中，若模型满足正则性条件，则极大似然估计具有相合性及渐近正态性等很好的性质。然而对于有限正态混合模型，正则条件不满足，经典理论的结论也就不一定成立。对模型（2.1），虽然模型不满足正则条件，但是由于模型中辅助信息（纯合子样本）的帮助，使得部分参数是具有相合性的。具体分析如下：

当参数的真值满足$\pi(1-\pi)(\beta^P-\beta^M)\neq 0$时，模型在参数真值附近满足正则条件。因此，这时模型中参数的MLE$(\hat{\theta},\hat{\pi})$是相合的，即当$n\to\infty$且$n_j/n\to\rho_j>0$，$j=0,1,2$时，$(\hat{\theta},\hat{\pi})\to(\theta,\pi)$。

当参数的真值满足$\pi(1-\pi)=0$且$\beta^P\neq\beta^M$时，因为π的真值依赖于参数空间的边界，模型不满足正则条件。但是由于有两组纯合子样本$X=0,2$提供的辅助信息，可以使得参数的MLE$(\hat{\theta},\hat{\pi})$仍然是相合的。

当参数的真值满足$\beta=\beta^P=\beta^M$时，参数的MLE$(\hat{\theta},\hat{\pi})$仍然可以得到。但是此时的混合比例π可以取$[0,1]$中的任意值，$\hat{\pi}$是不收敛的，因此也就没有相合性。尽管如此，参数θ的MLE$\hat{\theta}$仍然是相合估计，即当$n\to\infty$且$n_j/n\to\rho_j>0$，$j=0,1,2$时，$\hat{\theta}\to\theta$。

以上的分析可以总结为下面的定理。

定理2.1 设$y_{01},y_{02},\cdots,y_{0n_0}$；$y_{11},y_{12},\cdots,y_{1n_1}$；$y_{21},y_{22},\cdots,y_{2n_2}$为来自模型(2.1)的随机样本。$(\hat{\theta},\hat{\pi})$为在限制条件$\beta^P\leqslant\beta^M$下基于对数似然函数(2.2)的极大似然估计，假定样本量$n=n_0+n_1+n_2\to\infty$，且$n_j/n\to\rho_j>0$，$j=0,1,2$。

(1) 若$\beta^P\neq\beta^M$，则$(\hat{\theta},\hat{\pi})$是(θ,π)的相合估计；

(2) 若$\beta=\beta^P=\beta^M$，则$\hat{\theta}$是$\theta=(\mu_0,\beta,\beta,\sigma_0^2,\sigma_1^2,\sigma_2^2)^\tau$的相合估计。

证明 为了记号的明确，这里用上标*来表示参数的真值，例如，μ_0^*为参数μ_0的真值。令

$$|\Psi_1-\Psi_2|=\int|\Psi_1(t)-\Psi_2(t)|\exp(-|t|)dt$$

为两个混合分布的距离。定义以下三个参数的子空间分别为：

$$A_0=\{(\theta,\pi):|\mu_0-\mu_0^*|+|\sigma_0-\sigma_0^*|\leqslant\varepsilon_0\}$$
$$A_1=\{(\theta,\pi):|\Psi-\Psi^*|+|\sigma_1-\sigma_1^*|\leqslant\varepsilon_1\}$$
$$A_2=\{(\theta,\pi):|\mu_2-\mu_2^*|+|\sigma_2-\sigma_2^*|\leqslant\varepsilon_2\}$$

其中，ε_j，$j=0,1,2$为正常数。

接下来首先要证明对任意的ε_j，极大似然估计$(\hat{\theta},\hat{\pi})\in A_0$。考虑子样本$X=0$的对数似然函数：

$$\ell_{0n}(\mu_0,\sigma_0)=\sum_{i=1}^{n_0}\log\phi(y_{0i};\mu_0,\sigma_0^2)$$
$$=-n_0\log\sigma_0-\sum_{i=1}^{n_0}\frac{(y_{0i}-\mu_0)^2}{2\sigma_0^2}$$

根据Wald（1949）[66]与Wolfwitz（1949）[72]中的证明过程，可以有对任意的$\varepsilon>0$，都存在$\rho>0$，使得下面的式子几乎处处成立：

$$\sup_{|\mu_0-\mu_0^*|+|\sigma_0-\sigma_0^*|>\varepsilon}\ell_{0n}(\mu_0,\sigma_0)-\ell_{0n}(\mu_0^*,\sigma_0^*)\leqslant -n_0\rho \tag{2.3}$$

这个结论对正态分布是比较直观和直接的。

因为$\ell_n(\theta,\pi)=\ell_{0n}(\mu_0,\sigma_0)+\ell_{2n}(\mu_2,\sigma_2)+\ell_{1n}(\Psi,\sigma_1)$，由（2.3）式可得：

$$\sup_{(\theta,\pi)}\ell_n(\theta,\pi)\leqslant\sup_{(\theta,\pi)\in A_0}\ell_{0n}(\mu_0,\sigma_0)+\sup_{(\theta,\pi)}\{\ell_{2n}(\mu_2,\sigma_2)+\ell_{1n}(\Psi,\sigma_1)\}$$
$$\leqslant\ell_{0n}(\mu_0^*,\sigma_0^*)+\sup_{(\theta,\pi)}\{\ell_{2n}(\mu_2,\sigma_2)+\ell_{1n}(\Psi,\sigma_1)\}-n_0\rho_0$$

由重对数定律，有：

$$(S_{2n}^*)^2=n_2^{-1}\sum_{i=1}^{n_2}(y_{2i}-\mu_2^*)^2=(\sigma_2^*)^2+O(\{\log\log n_2/n_2\}^{1/2})$$

类似地，对$\bar{y}_2=\mu_2^*+O(\{\log\log n_2/n_2\}^{1/2})$有：

$$S_{2n}^2=n_2^{-1}\sum_{i=1}^{n_2}(y_{2i}-\bar{y}_2)^2=(\sigma_2^*)^2+O(\{\log\log n_2/n_2\}^{1/2})$$

因此有：

$$\sup_{(\mu_2,\sigma_2)}\ell_{2n}(\mu_2,\sigma_2)-\ell_{2n}(\mu_2^*,\sigma_2^*)$$
$$=-(n_2/2)\{\log(S_{2n}^2/(\sigma_2^*)^2)+(1-S_{2n}^2/(\sigma_2^*)^2)\}$$
$$=O(\{n_2\log\log n_2\}^{1/2})$$

也就是

$$\sup_{(\theta,\pi)}\ell_{2n}(\mu_2,\sigma_2)=\ell_{2n}(\mu_2^*,\sigma_2^*)+O(\{n_2\log\log n_2\}^{1/2}) \tag{2.4}$$

另外，由Kiefer & Wolfowitz（1956）[35]中的相合性证明可知有：

$$\sup_{(\theta,\pi)\in A_1}\ell_{1n}(\Psi,\sigma_1)-\ell_{1n}(\Psi^*,\sigma_1^*)\leqslant -n_1\rho_1$$

对$(\theta,\pi)\in A_1$，定义

$$\phi(y;A_1)=\sup_{(\theta,\pi)\in A_1}\phi(y;\Psi,\sigma_1)$$

当$\varepsilon_1\to 0$时，有$E[\log\{\phi(Y;A_1)/\phi(Y;\Psi^*,\sigma_1^*)\}]\to 0$。因此，有足够小的

ε_1使得

$$E[\log\{\phi(Y;A_1)/\phi(Y;\Psi^*,\sigma_1^*)\}]<(n_0/n_1)(\rho_0/2)$$

因此有：

$$\sum_{i=1}^{n_1}\{\log\phi(y_{1i};A_1)-\log\phi(y_{1i};\Psi^*,\sigma_1^*)\}$$
$$\leqslant n_1(n_0/n_1)(\rho_0/2)$$
$$=n_0\rho_0/2$$

结合在$(\theta,\pi)\notin A_1$上的结果，可以得到：

$$\sup_{(\theta,\pi)}\ell_{1n}(\Psi,\sigma_1)-\ell_{1n}(\Psi^*,\sigma_1^*)$$
$$\leqslant\max\{\sup_{(\theta,\pi)\notin A_1}\ell_{1n}(\Psi,\sigma_1)-\ell_{1n}(\Psi^*,\sigma_1^*),\sum_{i=1}^{n_1}[\log\phi(y_{1i};A_1)-\log\phi(y_{1i};\Psi^*,\sigma_1^*)]\}$$
$$\leqslant n_0\rho_0/2$$

$$\tag{2.5}$$

结合上面的三个不等式（2.3）、（2.4）与（2.5）有：

$$\sup_{(\theta,\pi)\notin A_0}\ell_n(\theta,\pi)-\ell_n(\theta^*,\pi^*)$$
$$\leqslant-n_0\rho_0+n_0\rho_0/2+O(\{n_2\log\log n_2\}^{1/2})\tag{2.6}$$
$$=-n_0\rho_0/2+O(\{n_2\log\log n_2\}^{1/2})$$

根据MLE的定义以及（2.6），可以得到结论$(\hat{\theta},\hat{\pi})\in A_0$。

同理可得$(\hat{\theta},\hat{\pi})\in A_2$以及$(\hat{\theta},\hat{\pi})\in A_1$，因此$(\hat{\theta},\hat{\pi})\in A_0\cap A_1\cap A_2$，进而有$(\hat{\mu}_j,\hat{\sigma}_j)\to(\mu_j^*,\sigma_j^*)$，$j=0,2$，$\hat{\sigma}_1\to\sigma_1^*$和$\hat{\Psi}\to\Psi^*$。由$\mu_{11}=\mu_0+\beta^P$，$\mu_{12}=\mu_0+\beta^M$以及$\mu_2=\mu_0+\beta^P+\beta^M$，可以得到方程组

$$\begin{cases}\hat{\beta}^P+\hat{\beta}^M\to\beta^{*P}+\beta^{*M}\\ \hat{\pi}\hat{\beta}^P+(1-\hat{\pi})\hat{\beta}^M\to\pi^*\beta^{*P}+(1-\pi^*)\beta^{*M}\\ \hat{\pi}(\hat{\beta}^P)^2+(1-\hat{\pi})(\hat{\beta}^M)^2\to\pi^*(\beta^{*P})^2+(1-\pi^*)(\beta^{*M})^2\end{cases}$$

通过解上面的方程组，可以得到定理的结论。例如，当参数满足$\beta^{*P}=\beta^{*M}=\beta^*$时，方程组变为：

$$\begin{cases}\hat{\beta}^P+\hat{\beta}^M\to2\beta^* & (1)\\ \hat{\pi}\hat{\beta}^P+(1-\hat{\pi})\hat{\beta}^M\to\beta^* & (2)\\ \hat{\pi}(\hat{\beta}^P)^2+(1-\hat{\pi})(\hat{\beta}^M)^2\to(\beta^*)^2 & (3)\end{cases}$$

计算[(1)−2×(2)]²+(3)−(2)²，可以得到：

$$(3\hat{\pi}^2-3\hat{\pi}+1)(\hat{\beta}^P-\hat{\beta}^M)^2\to 0$$

因为$3\hat{\pi}^2-3\hat{\pi}+1>0$恒成立，所以必定有$\hat{\beta}^P-\hat{\beta}^M\to 0$。又由方程（1），可以得到$\hat{\beta}^P\to\beta^*$以及$\hat{\beta}^M\to\beta^*$。当参数$\beta^{*P}\neq\beta^{*M}$时，证明是类似的。

综上，可以得到定理2.1的结论。

由定理2.1的结论（2）可以看出，当混合模型两成分的均值相等时，$\hat{\pi}$是没有相合性的。然而，参数的MLE$\hat{\theta}$仍然是相合的。也就是说，无论参数真值满足哪一种情况，$\hat{\theta}$仍然都是相合的。这是由辅助信息给混合模型带来的一大好处。

另外，为了使参数的估计更稳健，并且在接下来的假设检验中，为了更好地控制第一类错误，使似然比统计量有比较精确的大小。在估计参数时可以考虑对混合比例参数π加一个惩罚函数：

$$p(\pi)=C\log\{1-2|\pi-0.5|\}$$

其中，常数C为一个调节参数。参数的估计为使得惩罚对数似然函数$\ell_n(\theta,\pi)+p(\pi)$最大的估计。这里的惩罚函数仅仅是为了能够获得更稳健的参数估计以及更精确的检验统计量而引入的，而不像Chen & Li (2009)[12]等的论文中是为了模型正则化的需要而考虑的。在定理2.1中给出了基于对数似然函数$\ell_n(\theta,\pi)$的MLE的相合性结论。事实上，若参数的估计是基于惩罚对数似然函数$\ell_n(\theta,\pi)+C\log\{1-2|\pi-0.5|\}$得到的，则定理2.1的结论仍然保持不变。这是因为，当参数π的真值满足$\pi\neq 0$和$\pi\neq 1$时，惩罚项不随样本量的增加而增加。当参数π的真值为0时，惩罚函数在$(\log n)^{-1}$的值为$\log\log n$，仍然是$o(n)$。因此，这里对混合比例的惩罚项对定理2.1的结论是没有影响的。另外，加了惩罚项之后，在EM算法估计参数的迭代公式中，混合比例参数π的更新需要调整如下：

$$\pi^{(t+1)}=\begin{cases}\min\{0.5,(n_1+C)^{-1}(\sum_{i=1}^{n_1}\gamma_i^{(t)}+C)\}, & n_1^{-1}\sum_{i=1}^{n_1}\gamma_i^{(t)}<0.5\\ \max\{0.5,(n_1+C)^{-1}\sum_{i=1}^{n_1}\gamma_i^{(t)}\}, & n_1^{-1}\sum_{i=1}^{n_1}\gamma_i^{(t)}\geq 0.5\end{cases}$$

其余参数的迭代公式不变。

2.3 似然比检验

印记基因的检验，对应于本章中定义的混合模型（2.1）就是检验两个均值参数β^P与β^M是否相等，即检验问题为：

$$H_0:\beta^P = \beta^M \quad vs \quad \beta^P \neq \beta^M \tag{2.7}$$

在原假设下，模型是相对比较简单的，这时的三组子样本数据都服从正态分布。记参数$\varphi = (\mu_0, \beta, \sigma_0^2, \sigma_1^2, \sigma_2^2)^\tau$，则对数似然函数变为：

$$\tilde{\ell}_n(\varphi) = \sum_{i=1}^{n} \log \phi(y_i; \mu_0 + x_i\beta, \sigma_{x_i}^2)$$

在原假设下，参数β^P的MLE为线性回归中简单的最小二乘估计（LSE）。将φ的MLE记为$\hat{\varphi}$。定义统计量

$$R_n = 2\{\ell_n(\hat{\theta}, \hat{\pi}) - \tilde{\ell}_n(\hat{\varphi})\} \tag{2.8}$$

其中，$\hat{\theta}$与$\hat{\pi}$为使得惩罚对数似然

$$\ell_n(\theta, \pi) + C\log\{1 - 2|\pi - 0.5|\}$$

最大的估计。当$C = 0$时，该统计量就为通常的似然比检验统计量。

在通常的有限正态混合模型中，当原假设成立，即参数真值使模型退化为单一正态模型时，由于原假设可由参数的三种情况导致，所以两个均值参数与混合比例参数之间相互不可识别，以致模型不能满足正则条件。因此，似然比统计量R_n的极限分布不是经典统计理论中的卡方极限分布[4, 19]。根据前人的研究，LRT统计量的极限分布具有很复杂的形式[6, 24, 46]，是有关高斯过程上界的函数。这个结果只是形式上的，实际中不易使用。而在模型（2.1）中，可以从两组纯合子样本的辅助信息中获得更多关于参数μ_0，μ_2的信息。这时，原假设仅仅由$\beta^P = \beta^M$一种情况来决定。根据定理2.1，参数$\hat{\theta}$是可识别的。再经过推导，能够得出统计量R_n有以下定理中较简单而且容易使用的形式。

定理2.2 设$y_{01}, y_{02}, \cdots, y_{0n_0}$；$y_{11}, y_{12}, \cdots, y_{1n_1}$；$y_{21}, y_{22}, \cdots, y_{2n_2}$为来自模型（2.1）的随机样本。$(\hat{\theta}, \hat{\pi})$为在限制条件$\beta^P \leqslant \beta^M$下基于对数似然函数$\ell_n(\theta, \pi)$或惩罚对数似然$\ell_n(\theta, \pi) + C\log\{1 - 2|\pi - 0.5|\}$的极大似然估计，

其中，C为固定的常数。假定 $n=n_0+n_1+n_2\to\infty$，且 $n_j/n\to\rho_j>0$，$j=0,1,2$。在原假设成立时，LRT统计量（2.8）的极限分布为两个卡方分布的混合，即：

$$R_n\to 0.5\chi_1^2+0.5\chi_2^2 \tag{2.9}$$

证明　首先证明惩罚函数中 $C=0$ 的情形。将似然比检验统计量分解为两个部分：

$$\begin{aligned}R_n&=2\{\ell_n(\hat\theta,\hat\pi)-\tilde\ell_n(\hat\varphi)\}\\&=2\{\ell_n(\hat\theta,\hat\pi)-\ell_n(\theta^*,\hat\pi)\}-2\{\tilde\ell_n(\hat\varphi)-\tilde\ell_n(\varphi^*)\}\\&\triangleq R_{1n}-R_{2n}\end{aligned}$$

其中，第二个等号成立是因为 $\ell_n(\theta^*,\hat\pi)=\tilde\ell_n(\varphi^*)$。

这里，我们将通过对对数似然函数在参数真值附近展开，从而来研究统计量 R_n 的极限分布。由定理2.1参数MLE相合性的结论，可以设 $\hat\theta-\theta=o_p(1)$。

首先对统计量的第一部分 R_{1n} 进行分析。记 (x_i,y_i)，$i=1,2,\cdots,n$ 为观测样本。先对观测样本进行标准化，定义 $a_i=(y_i-\mu_0^*-x_i\beta^*)/\sigma_{x_i}^*$，$b_i=a_i^2-1$，$c_i=(a_i^3-2a_i)/6$，$d_i=(a_i^4-6a_i^2+3)/24$。记在三组子样本 $(j=0,1,2)$ 中相应的均值分别为：

$$(\bar z_{aj},\bar z_{bj},\bar z_{cj},\bar z_{dj})=n_1^{-1}\sum_{i:x_i=j}(a_i,b_i,c_i,d_i)$$

由中心极限定理，$(\bar z_{aj},\bar z_{bj},\bar z_{cj},\bar z_{dj})$ 有渐近正态分布且为 $O_p(n^{-1/2})$。对子样本 $X=0$ 的对数似然 ℓ_{0n}，其在真值处的一阶、二阶导数分别为：

$$\left.\frac{\partial\ell_{0n}(\mu_0,\sigma_0)}{\partial(\mu_0,\sigma_0)}\right|_{\mu_0^*,\sigma_0^*}=\frac{n_0}{\sigma_0^*}(\bar z_{a0},\bar z_{b0})^\tau$$

和

$$\begin{aligned}\left.\frac{\partial^2\ell_{0n}(\mu_0,\sigma_0)}{\partial(\mu_0,\sigma_0)^2}\right|_{\mu_0^*,\sigma_0^*}&=-\frac{n_0}{(\sigma_0^*)^2}\begin{pmatrix}1&2\bar z_{a0}\\2\bar z_{a0}&3\bar z_{b0}+2\end{pmatrix}\\&\quad-\frac{n_0}{(\sigma_0^*)^2}\left(\begin{pmatrix}1&0\\0&2\end{pmatrix}+O_p(n_0^{-1/2})\right)\end{aligned}$$

对子样本 $X=2$ 的对数似然函数 ℓ_{2n} 也有类似的结论。

下面对参数标准化，令 $\bar{\mu}_j=(\mu_j-\mu_j^*)/\sigma_j^*$，$\bar{\sigma}_j=(\sigma_j-\sigma_j^*)/\sigma_j^*$，$j=0,2$。应用泰勒展开公式，可以得到：

$$\begin{aligned}&\ell_{0n}(\mu_0,\sigma_0)-\ell_{0n}(\mu_0^*,\sigma_0^*)\\&=n_0\{(\bar{z}_{a0}\bar{\mu}_0+\bar{z}_{b0}\bar{\sigma}_0)-(\bar{\mu}_0^2+2\bar{\sigma}_0^2)/2\}+n_0o_p(\bar{\mu}_0^2+\bar{\sigma}_0^2)\end{aligned}\tag{2.10}$$

和

$$\begin{aligned}&\ell_{2n}(\mu_2,\sigma_2)-\ell_{2n}(\mu_2^*,\sigma_2^*)\\&=n_2\{(\bar{z}_{a2}\bar{\mu}_2+\bar{z}_{b2}\bar{\sigma}_2)-(\bar{\mu}_2^2+2\bar{\sigma}_2^2)/2\}+n_2o_p(\bar{\mu}_2^2+\bar{\sigma}_2^2)\end{aligned}\tag{2.11}$$

接下来将主要分析子样本 $X=1$ 的对数似然函数的展开式。定义

$$\bar{\mu}_{11}=(\mu_{11}-\mu_{11}^*)/\sigma_1^*,\ \bar{\mu}_{12}=(\mu_{12}-\mu_{12}^*)/\sigma_1^*$$

在原假设下，记 $\mu_{11}^*=\mu_{12}^*=\mu_0^*+\beta^*$。混合模型中潜在变量的第l阶矩记为 $m_l=\pi\bar{\mu}_{11}^l+(1-\pi)\bar{\mu}_{12}^l$，并且令

$$s_1=m_1,\ s_2=\{m_2+(\sigma_1/\sigma_1^*)^2-1\}/2,\ s_3=m_3,\ s_4=m_4-3m_2^3$$

由定理2.1的结论，在原假设成立时，$\hat{\theta}=(\hat{\mu}_0,\hat{\beta}^P,\hat{\beta}^M,\hat{\sigma}_0^2,\hat{\sigma}_1^2,\hat{\sigma}_2^2)^\tau$ 是相合估计。因此，只需考虑 ℓ_{1n} 在参数真值附近的展开式，即参数满足：

$$(\bar{\mu}_{11},\bar{\mu}_{12},\sigma_1/\sigma_1^*)=(0,0,1)+o_p(1)$$

直接应用Chen & Li（2009）[12] 中的引理B，有：

$$\begin{aligned}&\ell_{1n}(\Psi,\sigma_1)-\ell_{1n}(\Psi^*,\sigma_1^*)\\&\leqslant s_1\sum a_i+s_2\sum b_i+s_3\sum c_i+s_4\sum d_i\\&\quad-(1/2)\{s_1^2\sum a_i^2+s_2^2\sum b_i^2+s_3^2\sum c_i^2+s_4^2\sum d_i^2\}\{1+o_p(1)\}+o_p(1)\end{aligned}$$

其中，这里的求和符号都是对子样本 $X=1$ 来求。

由强大数定律，可知：

$$n_1^{-1}\sum(a_i^2,b_i^2,c_i^2,d_i^2)\to(1,2,1/6,1/24)$$

几乎处处成立。又由记号 $(\bar{z}_{a1},\bar{z}_{b1},\bar{z}_{c1},\bar{z}_{d1})=n_1^{-1}\sum(a_i,b_i,c_i,d_i)$，上面的展开式可以化简为：

$$\begin{aligned}&\ell_{1n}(\Psi,\sigma_1)-\ell_{1n}(\Psi^*,\sigma_1^*)\\&\leqslant n_1\{\bar{z}_{a1}s_1+\bar{z}_{b1}s_2+\bar{z}_{c1}s_3+\bar{z}_{d1}s_4\}\\&\quad-(n_1/2)\{s_1^2+2s_2^2+s_3^2/6+s_4^2/24\}\{1+o_p(1)\}+o_p(1)\end{aligned}\tag{2.12}$$

以上（2.10），（2.11）和（2.12）分别给出了 ℓ_{0n}，ℓ_{2n} 和 ℓ_{1n} 的展开式。这三个展开式都是二次型的形式。下面将具体分析各个参数之间的

关系，进而分析使似然最大的参数之间的关系。

展开式（2.10），（2.11）和（2.12）暗示了对数似然函数ℓ_n的局部最大值点需要满足

$$(\bar{\mu}_0,\bar{\mu}_2,\bar{\sigma}_0,\bar{\sigma}_2,s_1,s_2,s_3,s_4)=O_p(n^{-1/2})$$

所以可以得到：

$$\sigma_1^*(\bar{\mu}_{11}+\bar{\mu}_{12})=\sigma_0^*\bar{\mu}_0+\sigma_2^*\bar{\mu}_2=O_p(n^{-1/2})$$

因此有：

$$\bar{\mu}_{11}+\bar{\mu}_{12}=O_p(n^{-1/2}) \tag{2.13}$$

由（2.13）以及

$$s_1=m_1=(2\pi-1)\bar{\mu}_{11}+(1-\pi)(\bar{\mu}_{11}+\bar{\mu}_{12})=O_p(n^{-1/2})$$

可得：

$$(2\pi-1)\bar{\mu}_{11}=O_p(n^{-1/2}) \tag{2.14}$$

由$\bar{\mu}_{11}=o_p(1)$和$\bar{\mu}_{12}=o_p(1)$，进一步可以得到：

$$m_2=\bar{\mu}_{11}^2+(1-\pi)(\bar{\mu}_{11}+\bar{\mu}_{12})(\bar{\mu}_{12}-\bar{\mu}_{11})=\bar{\mu}_{11}^2+o_p(n^{-1/2})$$
$$m_3=(2\pi-1)\bar{\mu}_{11}^3+(1-\pi)(\bar{\mu}_{11}+\bar{\mu}_{12})(\bar{\mu}_{11}^2+\bar{\mu}_{12}^2-\bar{\mu}_{11}\bar{\mu}_{12})=o_p(n^{-1/2})$$
$$m_4=\bar{\mu}_{11}^4+(1-\pi)(\bar{\mu}_{11}^2+\bar{\mu}_{12}^2)(\bar{\mu}_{11}+\bar{\mu}_{12})(\bar{\mu}_{12}-\bar{\mu}_{11})=\bar{\mu}_{11}^4+o_p(n^{-1/2})$$

因此，除了$s_1=m_1=O_p(n^{-1/2})$，还有：

$$s_2=\{m_2+(\sigma_1/\sigma_1^*)^2-1\}/2=\{\bar{\mu}_{11}^2+(\sigma_1/\sigma_1^*)^2-1\}/2+o_p(n^{-1/2})$$

$$s_3=m_3=o_p(n^{-1/2})$$

$$s_4=m_4-3m_2^3=-2\bar{\mu}_{11}^4+o_p(n^{-1/2})$$

根据以上结论，在展开式（2.12）中$s_3=o_p(n^{-1/2})$可以被忽略，因此有：

$$\begin{aligned}&\ell_{1n}(\Psi,\sigma_1)-\ell_{1n}(\Psi^*,\sigma_1^*)\\ \leqslant\ & n_1\{\bar{z}_{a1}s_1+\bar{z}_{b1}s_2+\bar{z}_{d1}s_4\}\\ &-(n_1/2)\{s_1^2+2s_2^2+s_4^2/24\}\{1+o_p(1)\}+o_p(1)\end{aligned} \tag{2.15}$$

合并三个展开式（2.10），（2.11）与（2.15），可以得到当参数满足下面的方程时，对数似然函数达到最大：

$$\bar{\mu}_0=\bar{z}_{a0},\bar{\sigma}_0=\bar{z}_{b0}/2$$

$$\bar{\mu}_2=\bar{z}_{a2},\bar{\sigma}_2=\bar{z}_{b2}/2$$

$$s_1=\bar{z}_{a1},s_2=\bar{z}_{b1}/2,s_4=-24\bar{z}_{d1}$$

为了说明这个结论，首先对（2.10）进行解释。（2.10）是关于参数$\bar{\mu}_0$与$\bar{\sigma}_0$的二次型。这个二次型的最大值点显然为上述方程组中$\bar{\mu}_0$和$\bar{\sigma}_0$的解。对（2.11）也有同样的解释。接下来再看（2.15），（2.15）的右边是关于s_1，s_2和s_4的二次型，且有限制条件$s_4 \leqslant 0$，所以右边的最大值点也为方程组相应参数的解。

进一步说明上述方程组的解是可以达到的。$\bar{\mu}_0$，$\bar{\sigma}_0$和$\bar{\sigma}_2$的解是自然的，不受其他参数约束。对其他的参数，首先由方程$s_4 = -24\bar{z}_{d1}^{-}$可以解出$\bar{\mu}_{11}$，然后由方程$s_2 = \bar{z}_{b1}/2$可以解出$\sigma_1$。接下来，$\bar{\mu}_{12}$可以由$\bar{\mu}_{12} = (\sigma_2^*\bar{\mu}_2 + \sigma_0^*\bar{\mu}_0)/\sigma_1^* - \bar{\mu}_{11}$求出，其中$\bar{\mu}_2 = \bar{z}_{a2}$。最后，参数$\pi$通过方程$s_1 = (2\pi - 1)\bar{\mu}_{11} + (1 - \pi)(\bar{\mu}_{11} + \bar{\mu}_{12}) = \bar{z}_{a1}$来解出。

显然，$\bar{\mu}_{11} = O_p(n^{-1/8})$能够满足$s_4 = -2\bar{\mu}_{11}^4 + o_p(n^{-1/2}) = -24\bar{z}_{d1}^{-}$。通过方程$s_1 = \bar{z}_{a1}$可以确定参数$\pi$的值。再将$\bar{\mu}_{11} = O_p(n^{-1/8})$以及$\bar{\mu}_{11} + \bar{\mu}_{12} = O_p(n^{-1/2})$代入

$$s_1 = (2\pi - 1)\bar{\mu}_{11} + (1 - \pi)(\bar{\mu}_{11} + \bar{\mu}_{12}) = \bar{z}_{a1} = O_p(n^{-1/2})$$

可以知道，π有满足$2\pi - 1 = o_p(1)$的解。这一点在考虑惩罚函数中$C > 0$时是很重要的。

当参数满足上述的方程组时，（2.15）将变为等式，因此有：

$$\begin{aligned} R_{1n} &= n_0\{\bar{z}_{a0}^2 + \bar{z}_{b0}^2/2\} + n_1\{\bar{z}_{a1}^2 + \bar{z}_{b1}^2/2 + 24(\bar{z}_{d1}^{-})^2\} \\ &\quad + n_2\{\bar{z}_{a2}^2 + \bar{z}_{b2}^2/2\} + o_p(1) \\ &= \bar{z}_a^\tau N \bar{z}_a + (1/2)\bar{z}_b^\tau N \bar{z}_b + 24(\bar{z}_{d1}^{-})^2 + o_p(1) \end{aligned} \tag{2.16}$$

其中，$\bar{z}_a = (\bar{z}_{a0}, \bar{z}_{a2}, \bar{z}_{a2})^\tau$，$\bar{z}_b = (\bar{z}_{b0}, \bar{z}_{b2}, \bar{z}_{b2})^\tau$，$N = \mathrm{diag}\{n_0, n_1, n_2\}$。

下面讨论统计量的第二部分R_{2n}。在原假设下，对数似然函数仍然可以分为三个子部分：

$$\tilde{\ell}_n(\varphi) = \tilde{\ell}_{0n}(\mu_0, \sigma_0) + \tilde{\ell}_{1n}(\mu_1, \sigma_1) + \tilde{\ell}_{2n}(\mu_2, \sigma_2)$$

其中，对$j = 0, 1, 2$有：

$$\mu_j = \mu_0 + j\beta$$

$$\tilde{\ell}_{jn}(\mu_j, \sigma_j) = -n_j \log \sigma_j - \sum_{i=1}^{n}(y_{ji} - \mu_j)^2/(2\sigma_j^2)$$

$\tilde{\ell}_{jn}(\mu_j, \sigma_j)$的泰勒展开式为：

$$\ell_{jn}(\mu_j,\sigma_j)-\ell_{jn}(\mu_j^*,\sigma_j^*)$$
$$=n_j\{\bar{\mu}_j\bar{z}_{aj}+\bar{\sigma}_j\bar{z}_{bj}\}-(n_j/2)\{\bar{\mu}_j^2+2\bar{\sigma}_j^2\}+n_jo_p(\{\bar{\mu}_j^2+\bar{\sigma}_j^2\})$$

其中，$\bar{\sigma}_1=(\sigma_1-\sigma_1^*)/\sigma_1^*$。因为参数$\mu_0$，$\mu_1$和$\mu_2$之间有一定的关系，所以需要对参数做下面的变换：

$$\bar{\mu}_1=(\sigma_0^*/\sigma_1^*)\bar{\mu}_0+(\beta-\beta^*)/\sigma_1^*,\quad \bar{\mu}_2=(\sigma_0^*/\sigma_2^*)\bar{\mu}_0+2(\beta-\beta^*)/\sigma_2^*$$

记$\bar{\beta}=(\beta-\beta^*)/\sigma_0^*$，上述变换可用矩阵表示如下：

$$\bar{\mu}=\begin{pmatrix}\bar{\mu}_0\\ \bar{\mu}_1\\ \bar{\mu}_2\end{pmatrix}=\begin{pmatrix}1 & 0\\ \sigma_0^*/\sigma_1^* & \sigma_0^*/\sigma_1^*\\ \sigma_0^*/\sigma_2^* & 2\sigma_0^*/\sigma_2^*\end{pmatrix}\begin{pmatrix}\bar{\mu}_0\\ \bar{\beta}\end{pmatrix}=A\bar{\xi}$$

其中，$\bar{\xi}=(\bar{\mu}_0,\bar{\beta})^\tau$由两个无关的参数组成，又令$\bar{\sigma}=(\bar{\sigma}_0,\bar{\sigma}_1,\bar{\sigma}_2)^\tau$，可得：

$$\tilde{\ell}_n(\varphi)-\tilde{\ell}_n(\varphi^*)$$
$$=\bar{z}_a^\tau N\bar{z}_a-(1/2)\bar{\mu}^\tau N\bar{\mu}+\bar{z}_b^\tau N\bar{\sigma}-\bar{\sigma}^\tau N\bar{\sigma}+no_p(\|\bar{\mu}\|^2+\|\bar{\sigma}\|^2)$$
$$=\bar{z}_a^\tau NA\bar{\xi}-(1/2)\bar{\xi}^\tau A^\tau NA\bar{\xi}+\bar{z}_b^\tau N\bar{\sigma}-\bar{\sigma}^\tau N\bar{\sigma}+no_p(\|\bar{\mu}\|^2+\|\bar{\sigma}\|^2)$$

这是关于$\bar{\xi}$和$\bar{\sigma}$的二次型，其最大值点为：

$$\bar{\xi}=(A^\tau NA)^{-1}A^\tau N\bar{z}_a,\quad \bar{\sigma}=(1/2)\bar{z}_b$$

代入展开式中，可以得到：

$$R_{2n}=2\{\tilde{\ell}_n(\varphi)-\tilde{\ell}_n(\varphi^*)\}$$
$$=\bar{z}_a^\tau NA(A^\tau NA)^{-1}A^\tau N\bar{z}_a+(1/2)\bar{z}_b^\tau N\bar{z}_b+o_p(1)$$

合并R_{1n}与R_{2n}，似然比统计量为：

$$R_n=R_{1n}-R_{2n}$$
$$=\bar{z}_a^\tau N\bar{z}_a-\bar{z}_a^\tau NA(A^\tau NA)^{-1}A^\tau N\bar{z}_a+24n_1(\bar{z}_{d1}^-)^2+o_p(1)$$
$$=\bar{z}_a^\tau N^{1/2}\{I_3-N^{1/2}A(A^\tau NA)^{-1}A^\tau N^{1/2}\}N^{1/2}\bar{z}_a+24n_1(\bar{z}_{d1}^-)^2+o_p(1)$$

因为矩阵$I_3-N^{1/2}A(A^\tau NA)^{-1}A^\tau N^{1/2}$为一个幂等阵，且秩为1，而$N^{1/2}\bar{z}_a$渐近服从正态分布$N(0,I_3)$。所以，上式中的第一项有$\chi_1^2$的极限分布。另外，$\sqrt{24n_1}\bar{z}_{d1}^-$也渐近服从标准正态分布$N(0,1)$且与$\bar{z}_a$相互独立。因此，上式中的第二项的极限分布为$0.5\chi_0^2+0.5\chi_1^2$。

综合起来，可以得到似然比检验统计量R_n的极限分布为：

$$R_n\rightarrow 0.5\chi_1^2+0.5\chi_2^2$$

最后我们讨论在惩罚函数中$C>0$的情形。这时，$(\hat{\theta},\hat{\pi})$是基于惩罚对数似然函数$\ell_n(\theta,\pi)+C\log\{1-2|\pi-0.5|\}$来求得的估计。显然使得惩

罚函数 $C\log\{1-2|\pi-0.5|\}$ 最大的 π 为0.5。而在有惩罚函数时，参数估计仍然有相合性，所以展开式（2.10），（2.11），（2.15）也都仍然成立，并且使（2.15）达到最大的 π 可以满足 $2\pi-1=o_p(1)$。所以，在忽略 $o_p(1)$ 下，惩罚函数与对数似然函数可以同时达到最大。因此，似然比检验统计量 R_n 的极限分布不会因为惩罚函数的增加而发生改变，仍然有：

$$R_n \to 0.5\chi_1^2 + 0.5\chi_2^2$$

这时得到的统计量与 $C=0$ 时的统计量 R_n 仅仅相差 $o_p(1)$。因此，在样本量n有限的时候，可以利用惩罚函数来调整，以便能够得到与极限分布较为一致的LRT统计量。

定理2.2中的结论说明LRT统计量具有较简单的极限分布，这个极限分布在使用上也非常容易。设Robs为由观测数据计算而来的统计量值，假设检验的P值可以由以下公式来计算：

$$P值 = 0.5\,\Pr(\chi_1^2 > Robs) + 0.5\,\Pr(\chi_2^2 > Robs)$$

对于印记基因检验问题，当P值小于某个检验水平时，可以推断该基因有印记发生。另外，从大量的模拟计算中发现，选取常数 $C=2.5$，P值的计算较为精确。

2.4 数值研究

为了展现本章方法的可行性及优势，在本节中展示了相关的模拟研究，并且将该方法应用在与精神分裂症相关的GABRB2基因数据中，得到了一些基因印记的证据。

2.4.1 模拟研究

在模拟研究中，首先作了原假设下统计量 R_n 的Q-Q图来说明定理2.2中结论的正确性；其次为了说明本章中似然比检验方法的特点以及有效性，分别计算了在多组参数设置下假设检验的经验第一类错误以及经验功效，并与Chen & Li（2009）[12] 中提出的EM-检验方法进行了比较（这里的EM-检验方法指的是在没有辅助信息并且等方差情形下所对应的检验方法）；最后又与Pun等（2010）[54]中采用的先聚类后用卡方检验的方法做了比较。

为了保证计算结果较为精确，在每组参数的设置下，均重复计算了20 000次来记录检验结果。经过多次计算试验，最终确定基于惩罚对数似然函数 $\ell_n(\theta,\pi)+C\log\{1-2|\pi-0.5|\}$ 来估计参数，其中常数C取为2.5。

图2-1是似然比统计量 R_n 对混合卡方分布 $0.5\chi_1^2+0.5\chi_2^2$ 的Q-Q图。其中考虑了样本量选取 $n_j=50,100,200,500$ 四种情况，$j=0,1,2$。其余的参数设置分别为 $\mu_0=1$，$\beta^P=\beta^M=1$，$\sigma_0=0.2$，$\sigma_1=0.3$ 和 $\sigma_2=0.4$。在每组参数设置情况下，重复20 000次，将结果用图Q-Q来描述。从图中可以清楚地看出所有的Q-Q图都很接近45度直线。这个结果说明混合分布 $0.5\chi_1^2+0.5\chi_2^2$ 是对统计量 R_n 很好的近似，同时也验证了定理2.2的结论是正确的。

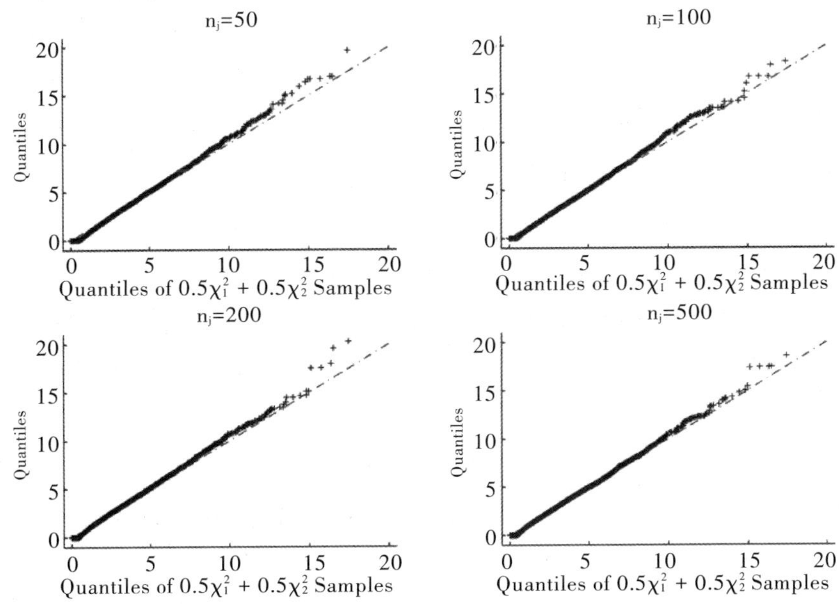

图2-1　似然比统计量 R_n 对混合卡方分布 $0.5\chi_1^2+0.5\chi_2^2$ 的Q-Q图

表2-1列出了模拟的经验第一类错误结果。假设检验的经验第一类错误指的是在原假设（$\beta^P=\beta^M$）成立时拒绝原假设的比例。仍然考虑样本量为$n_j=50,100,200,500$四种情况。其余参数设置为$\mu_0=1$，$\beta^P=\beta^M=1$，$\sigma_0=0.2$，$\sigma_1=0.3$和$\sigma_2=0.4$。在每种情况下，重复20 000次，考虑0.05和0.01两个检验水平，分别计算经验第一类错误。另外，在这里也与EM-检验方法做了比较。结果显示本章的LRT方法与EM-检验方法都能很好地控制检验的第一类错误，同时也再次说明定理2.2中的极限分布是非常精确的。

表2-1　　LRT与EM-检验两种方法的经验第一类错误

		样本量n_j			
方法	检验水平	50	100	200	500
LRT	0.05	0.053	0.051	0.054	0.050
	0.01	0.011	0.011	0.012	0.010
EM-检验	0.05	0.053	0.054	0.054	0.052
	0.01	0.011	0.010	0.010	0.012

图2-2至图2-4显示了LRT与EM-检验两种方法的经验功效。假设检验的经验功效是在备择假设下拒绝原假设的比例。这里，仍然考虑样本量选取$n_j=50,100,200,500$四种情况，检验水平为0.05。在每组参数设置下，重复计算20 000次，记录结果并作图。从结果可以看出两种方法随着样本量的增大，检验功效都有所增加。而EM-检验方法只用了一组子样本（杂合子），没有其他的辅助信息，因此功效相对较低。这也说明纯合子的两组子样本不仅能够使混合模型的参数估计有相合性，似然比统计量的极限分布有较简单的形式，而且能够大大提高检验的功效。

图2-2显示了在完全印记与部分印记下检验功效随参数β^M增大的变化情况。对完全印记，设置参数$\beta^P=0$，$\beta^M=0.1,0.2,0.3,0.4,0.5$；对部分印记，参数设置为$\beta^P=0.5$，$\beta^M=0.6,0.7,0.8,0.9,1$。其余参数设置为$\mu_0=1$，$\sigma_0=0.2$，$\sigma_1=0.3$，$\sigma_2=0.4$和$\pi=0.3$。从结果可以看出，随着参数$\beta^P$与$\beta^M$的差距越来越大，两种方法的检验功效都会增加，也说明了印记的证据增加。

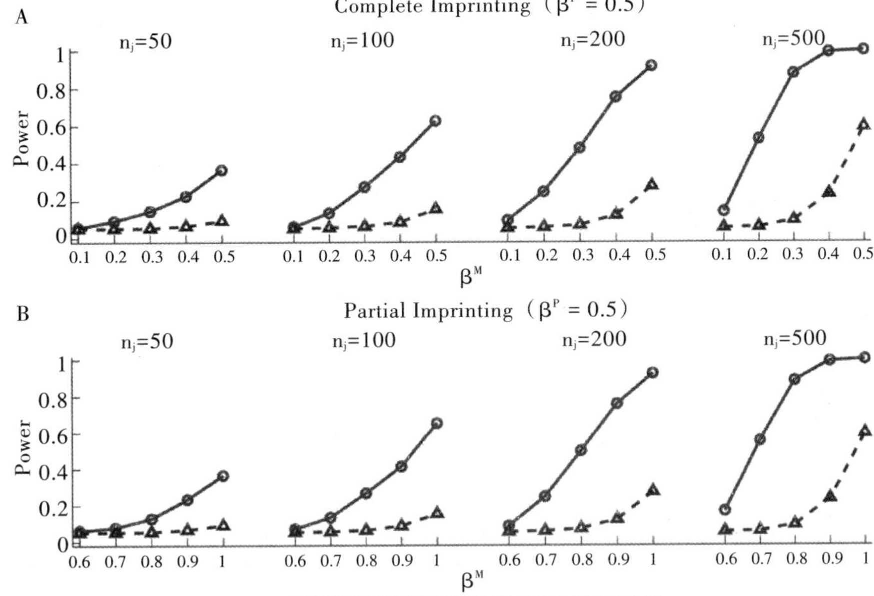

图2-2 完全印记（A）和部分印记（B）下，经验功效随效应差增大的变化图

图2-3显示了在完全印记与部分印记下检验功效随方差σ_j增大的变化情况。在完全印记下，设置参数$\beta^P=0$，$\beta^M=0.3$；在部分印记下，参数设置为$\beta^P=0.5$，$\beta^M=0.8$。方差参数的变化设置为$\sigma_j=0.2,0.25,0.3,0.35,0.4$，$j=0,1,2$。其余参数设置为$\mu_0=1$和$\pi=0.3$。从结果可以看出，随着方差参数的增大，干扰和噪声也会增大，检验的功效自然会降低。

图2-4显示了在完全印记与部分印记下检验功效随混合比例π增大的变化情况。在完全印记下，设置参数$\beta^P=0$，$\beta^M=0.5$；在部分印记下，参数设置为$\beta^P=0.5$，$\beta^M=1$。混合比例参数的变化为$\pi=0.1,0.2,0.3,0.4,0.5$。其余参数设置为$\mu_0=1$，$\sigma_0=0.2$，$\sigma_1=0.3$和$\sigma_2=0.4$。

从结果可以看出，随着混合比例接近0.5，本章的LRT方法的检验功效有所下降，而EM-检验的方法却没有。到混合比例为0.5时，两种方法的功效接近相等。这个现象可以有下面的解释：LRT方法利用了两个纯合子样本来作为辅助信息。根据我们所建立的模型，可以注意到这两组纯合子样本对参数μ_0和$\beta^P+\beta^M$可以提供信息，而杂合子样本信息主要集中在

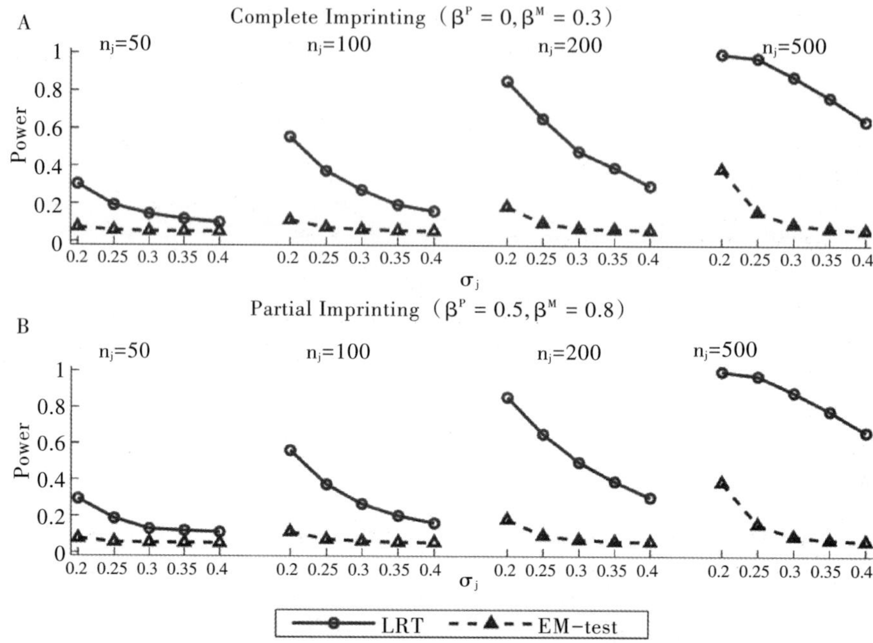

图2-3 完全印记（A）和部分印记（B）下，经验功效随方差增大的变化图

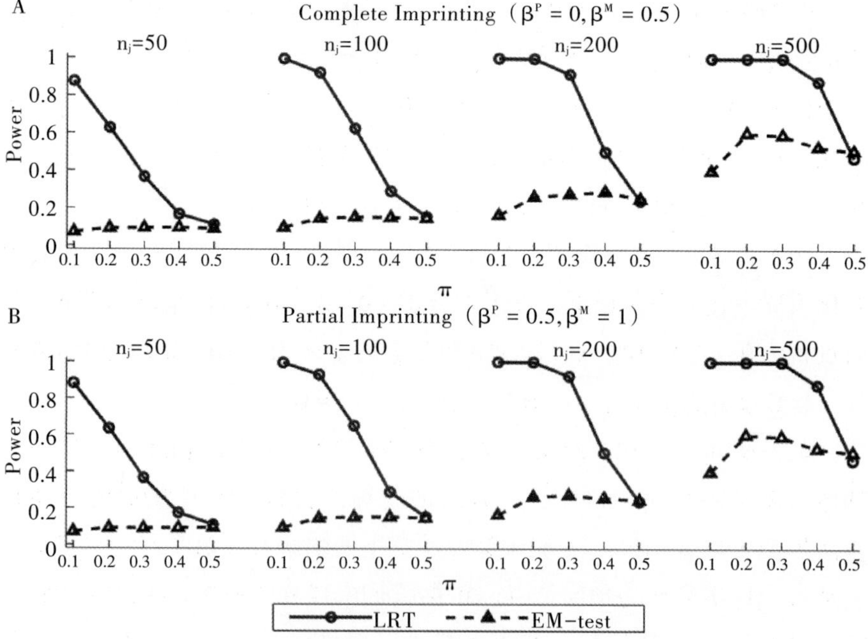

图2-4 完全印记（A）和部分印记（B）下，经验功效随混合比例增大的变化图

$$\mu_0+\pi\beta^P+(1-\pi)\beta^M$$
$$=\mu_0+0.5(\beta^P+\beta^M)+(0.5-\pi)(\beta^M-\beta^P)$$

因此，三组子样本合起来的信息主要集中在了

$$(0.5-\pi)(\beta^M-\beta^P)$$

中。当混合比例接近0.5时，两组纯合子样本起不到很好的作用，对 $\beta^M-\beta^P$ 没有更多的信息，检验的功效也就会降低。这就是LRT方法的功效对混合比例接近0.5时下降的根本原因。一旦辅助信息不起作用，LRT方法的优势将会随之消失。

接下来的模拟是将本章的LRT方法与Pun等（2010）[54]提到的 χ^2-检验方法做比较。

Pun等（2010）[54]在论文中提到了两种 χ^2-检验方法。其中方法一（χ^2-检验-1），首先将所有个体的连续型性状（mRNA的表达值）聚为两类。在每类中都可以将个体按照基因型X分为三组。因此，所有的观测值可以用一个2×3的表来描述。其次分别计算每个格子中期望的值以及观测到的值，期望的值认为 $X=0$ 的样本与 $X=1$ 样本的一半为一类，而 $X=2$ 的样本与 $X=1$ 样本的另一半为另一类。最后计算Pearson拟合优度检验统计量[51]，用 χ^2_3 作为参照分布来做检验并计算其P值。当P值≤0.5时，认为没有印记发生。方法二（χ^2-检验-2）与方法一类似，首先将所有个体的连续型性状聚为三类。在每类中仍然将个体按照基因型分为三组。这时所有的观测值可用一个3×3的表来描述。其次分别计算每个格子中期望的值以及观测到的值，期望的值认为三种不同基因型的样本应该各自为一类。最后计算拟合优度检验统计量，用 χ^2_2 作为参照分布来做检验并计算其P值。当P值≤0.5时，认为有印记发生。这一点与方法一相反。

上面的两种方法在统计上都是不严格的。因此，在比较中我们不能直接去比较检验的功效。在这里，我们将利用接受者操作特性（ROC）曲线来进行比较。设置样本量为 $n_0=n_1=n_2=50$，参数 $\mu_0=1$，$\sigma_0=\sigma_1=\sigma_2=0.2$。其中对没有印记发生的模型，我们设置参数为 $\beta^P=\beta^M=0.5$。对有印记发生的模型，分别选择下面的四组参数设置：

I: $\beta^P = 0.5, \beta^M = 1.25, \pi = 0.5$

II: $\beta^P = 0.75, \beta^M = 1.5, \pi = 0.5$

III: $\beta^P = 0.5, \beta^M = 1.25, \pi = 0.3$

IV: $\beta^P = 0.75, \beta^M = 1.5, \pi = 0.3$

在各个模型下，都产生20 000组数据集。在各个临界值下，分别计算特异度（SPE）和灵敏度（SEN），并作ROC曲线图，如图2-5所示。

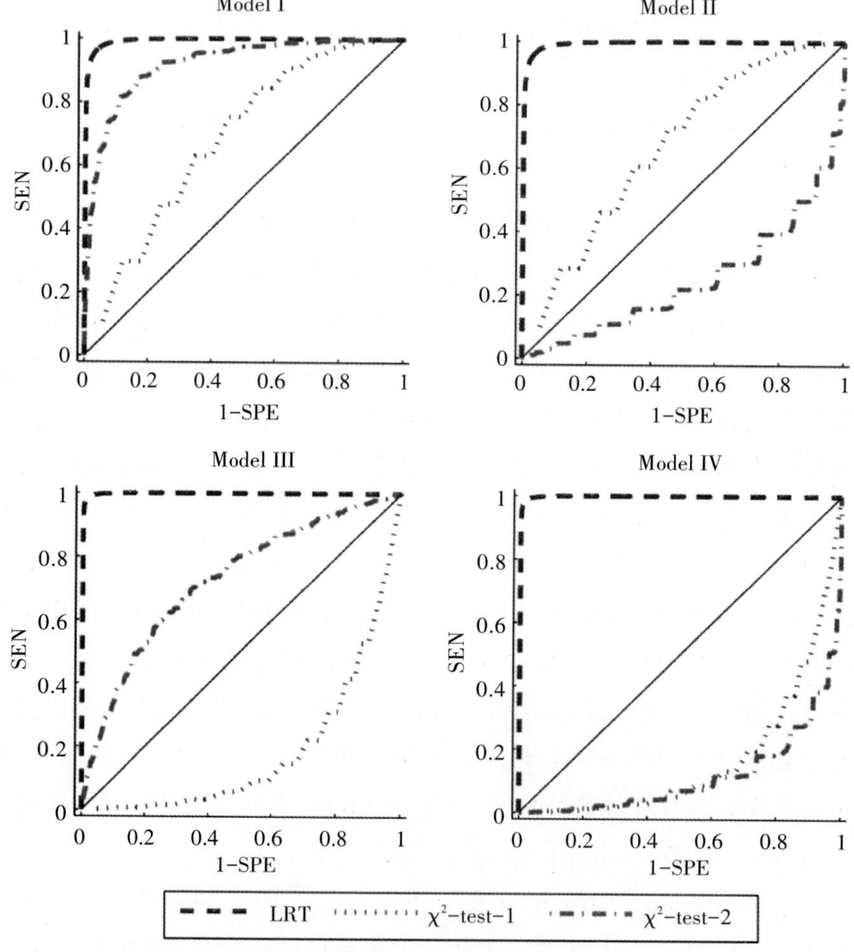

图2-5 基于LRT方法和两种χ^2-检验方法的ROC曲线图

从图2-5的结果中明显可以看出LRT方法的优势所在。χ^2-检验方法的ROC曲线有些在45度直线的下方，说明此时方法有时候还不如随机猜测好。χ^2-检验方法的好坏非常依赖于对样本中连续型性状值的聚类结果。当聚类结果不理想时，χ^2-检验方法的性能就会很差。而在模型I的结果中，χ^2-检验方法也有较好的表现（此时LRT方法的结果接近完美）。这也说明χ^2-检验的方法很不稳定，相比之下，LRT方法是较为稳定可靠的。

2.4.2 实际数据分析

接下来将本章提出的LRT方法应用到与精神分裂症相关的GABRB2基因数据中。

精神分裂症是一种常见的并且比较严重的心理疾病，在全世界范围内群体患病率高达1%。在Lo等（2004）[48]的研究中，发现γ氨基丁酸A型受体（$GABA_A$）对精神分裂症是一个重要的遗传因素。其中位于5号染色体长臂34区的β_2亚基基因（GABRB2）与精神分裂症有较强的关系。

研究表明，在GABRB2中有5个SNP与疾病的关系最强，分别是rs6556547（S1），rs1816071（S3），rs1816072（S5），rs252944（S24）和rs187269（S29）。在Zhao等（2006）[75]的研究中，发现亚基β_2有两种剪接异构体，分别记为β_{2S}和β_{2L}。这两个剪接异构体的表达值与疾病有相关性。经过对患病组与对照组的分析，研究者发现在患病组中，β_{2S}和β_{2L}的表达值相对于在对照组中的表达值要低。并且经过TDT检验等多方面的证据说明基因GABRB2有印记的现象，在患病组中没有印记发生，而在对照组中有印记发生。

试验的样本是从死者脑组织中背外侧前额叶（DLPFC）皮质灰质（Brodmann 46区）中收集的[64]。得到的数据集包括31位精神分裂症患者（8位女性，23位男性）和31位正常人（7位女性，24位男性）。对每个个体，分别测了上述5个与疾病相关联的SNP的基因型。对SNP S1和S24，在患病组或是对照组中存在有某个基因型对应的数据没有观测到的现象。因此，这里只考虑另外3个SNP，即S3，S5和S29。另外，数据集中还包括两个剪接异构体的表达值，也就是模型中的Y值。对患病组和对照组，3个SNP，2个剪接异构体，共有12个组合需要去做检验。

在本章LRT方法的计算中，仍然选取C = 2.5时的惩罚似然函数来估计参数，分别计算了LRT方法的P值以及用两种χ^2-检验方法[54]计算得到的P值。表2-2给出了各种组合下的检验统计量的值以及相应的P值。

表2-2　　基于精神分裂症数据的印记基因检验结果

			LRT		χ^2-检验-1		χ^2-检验-2	
剪接异构体	SNP	组	R_n	P	χ^2	P	χ^2	P
β_{2S}	S3	患病	0.000	0.999	15.19	0.002	6.007	0.050**
		对照	9.085	0.007**	1.231	0.746**	6.981	0.031**
	S5	患病	0.000	1.000	14.03	0.003	7.457	0.024**
		对照	9.085	0.007**	1.231	0.746**	6.981	0.031**
	S29	患病	0.000	0.999	12.94	0.005	7.093	0.029**
		对照	5.812	0.035**	2.250	0.522**	6.583	0.037**
β_{2L}	S3	患病	0.000	0.999	20.17	0.000	7.229	0.027**
		对照	1.755	0.301	3.769	0.288	9.519	0.009**
	S5	患病	0.000	1.000	19.04	0.000	8.757	0.013**
		对照	1.755	0.301	3.769	0.288	9.519	0.009**
	S29	患病	3.940	0.093*	17.31	0.001	8.638	0.013**
		对照	1.682	0.313	4.333	0.228	7.417	0.025**

对LRT方法以及χ^2-检验-2，较小的P值说明有印记的证据，表2-2中对印记证据较强的用**（P值小于等于0.05）或*（P值在0.05与0.1之间）来标注。对χ^2-检验-1，则是较大的P值说明有印记的证据，表2-2中对印记较强的用**（P值大于0.5）来标注。

表2-2的结果显示LRT方法与χ^2-检验-1的结果较为一致，而χ^2-检验-2的结果与前两者相差甚远。LRT与χ^2-检验-1这两种方法对剪接异构体β_{2S}的结果是非常一致的，对3个SNP都有较强的证据说明在对照组中有印记发生，而在患病组中没有印记发生。对β_{2L}，两种方法在对照组中的结果也较为一致，也都有较弱的印记证据。除此之外，对β_{2L}及

S29，在患病组中，LRT方法说明有明显的印记证据，而χ^2-检验-1没有。根据LRT方法在模拟研究中较好的结论，有理由相信在实际数据分析中的结果也是值得信赖的。当然其中的误差也与数据中样本量的大小有一定的关系。

2.5 小结

在本章中，基于遗传学中印记基因的问题建立了一个带有辅助信息的混合模型。其中杂合子样本服从一个混合正态模型，而纯合子样本服从一般的正态模型并作为辅助信息给混合模型的推断带来帮助。在这个模型下，证明了参数MLE的相合性，推导出了似然比统计量的极限分布有较简单实用的形式。通过模拟研究和实际数据分析，可以看出该方法有较好的性能。

无论从理论结果还是试验结果来分析，都能看到辅助信息对混合模型起到的作用。首先由定理2.1可以看到无论参数真值是什么，参数θ都能够被识别，且有相合性。从定理2.2及其证明过程可以看出，当混合比例$\pi \neq 0.5$时，参数$\bar{\mu}_{11}$，$\bar{\mu}_{12}$的MLE的收敛速度为$O_p(n^{-1/2})$，相对经典的$O_p(n^{-1/4})$有所提高[8]。另外，似然比统计量R_n有较简单而实用的形式。从模拟研究中可以看出辅助信息能使检验的功效有非常明显的提高。

在本章假定的模型中，为了理论推导的简单，假定了混合正态模型中的两个方差参数相等。这个假定在原假设下成立时，检验的第一类错误不会升高。而在检验功效方面，若参数真值中的方差不相等，则对等方差的假定的方法会使检验功效有所下降。我们通过两个模拟研究能够分别说明这两点。

在第一个模拟中，考虑在模型中均值参数相等而方差不相等的情况下计算经验第一类错误，参数设置为$\mu_0 = 1$，$\beta^P = \beta^M = 1$，$\sigma_0 = 0.2$，$\sigma_2 = 0.4$和$\pi = 0.3$，σ_{11}与σ_{12}的差距越来越大。每种假设下重复20 000次，在显著水平0.05下计算经验第一类错误。结果在表2-3中显示。结果发现，随着方差差异的增大，第一类错误逐渐减少，随着样本量的增大，经验第一类错误也会逐渐减少。这个结果同时也说明了本章的方法不能用于检验均值相等而方差不等的情况。

表2-3 均值相等、方差不等时的经验第一类错误

样本量n_j	方差$(\sigma_{11},\sigma_{12})$				
	(0.3，0.3)	(0.275，0.325)	(0.25，0.35)	(0.225，0.375)	(0.2，0.4)
50	0.053	0.050	0.037	0.028	0.019
100	0.051	0.048	0.036	0.025	0.017
200	0.054	0.047	0.031	0.021	0.016
500	0.050	0.031	0.022	0.019	0.016

在第二个模拟中，在完全印记下，设置参数$\beta^P=0$，$\beta^M=0.3$；在部分印记下，参数设置为$\beta^P=0.5$，$\beta^M=0.8$。其余参数设置为$\mu_0=1$，$\sigma_0=0.2$，$\sigma_2=0.4$，$(\sigma_{11},\sigma_{12})=(0.3-\Delta/2,0.3+\Delta/2)$，$\Delta=0,0.05,0.1,0.15,0.2$ 和 $\pi=0.3$。在每种参数设置下，重复20 000次，在显著水平0.05下计算经验功效。结果在图2-6中显示，可以看到随着方差参数差异逐渐增大，检验的功效会逐渐降低。

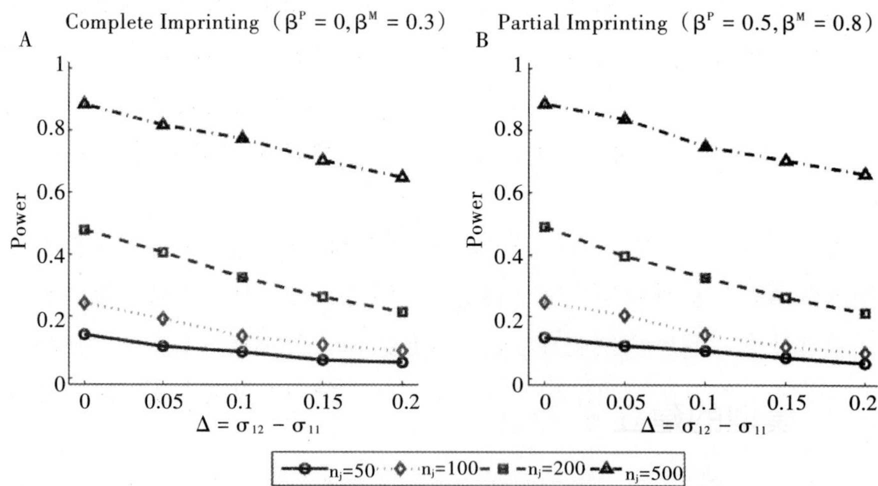

图2-6 完全印记（A）和部分印记（B）下，经验功效随方差差异增大的变化图

以上分析以及模拟研究的结果说明，等方差假定的模型虽然在理论上有很好的结果，但是仍然有一定的局限性，有待于进一步改进。我们将在下一章讨论异方差的情形。

3 带有辅助信息且异方差的混合模型

本章主要考虑带有辅助信息时，混合正态模型中方差不相等的情形。仍然是针对印记基因识别的问题，对杂合子的样本假定符合混合正态模型，纯合子的样本假定为一般的正态模型来作为辅助信息。异方差的假定更符合实际，然而在异方差的情形下，理论研究有了新的困难，例如，有似然函数无界等不好的数学性质。针对这些问题，可以通过加惩罚函数的方法来解决，并利用辅助信息来进一步研究参数估计的相合性以及似然比统计量的极限分布。在数值研究中也做了相应的模拟以及实际数据分析。

3.1 模型的建立

观测数据仍然为(x_i,y_i)，$i=1,2,\cdots,n$。对第i个个体，x_i表示目标SNP的次等位基因个数，y_i表示个体的连续型性状（例如mRNA的表达值）。根据x_i的三个不同取值$x_i\in\{0,1,2\}$，可将样本y_i，$i=1,2,\cdots,n$分为三组子样本，分别记为$y_{01},y_{02},\cdots,y_{0n_0}$；$y_{11},y_{12},\cdots,y_{1n_1}$；$y_{21},y_{22},\cdots,y_{2n_2}$，其

中，n_0，n_1，n_2为三组子样本的样本量。

对子样本$X=1$，仍然考虑连续型性状Y服从一个混合正态模型，这里与第2章不同的是在模型的假设中取消了混合模型中的两个方差相等的假定，混合模型中两个成分的方差用不同的参数σ_{11}^2和σ_{12}^2来表示。混合模型的潜在变量H仍然表示次等位基因的两个不同的来源$(H=0,1)$，则混合模型的混合比例为$\pi=\Pr(H=1)=1-\Pr(H=0)$。对纯合子样本，假定连续型性状Y服从通常的正态模型，也作为混合模型推断的辅助信息。同时假定SNP对性状Y有可加效应，则模型可表示为：

$$\begin{cases} Y \mid X=0 \sim N(\mu_0,\sigma_0^2) \\ Y \mid X=0 \sim \pi N(\mu_0+\beta^P,\sigma_{11}^2)+(1-\pi)N(\mu_0+\beta^M,\sigma_{12}^2) \\ Y \mid X=2 \sim N(\mu_0+\beta^P+\beta^M,\sigma_2^2) \end{cases} \tag{3.1}$$

其中，μ_0为截距项参数，β^P与β^M分别为次等位基因来自父亲、母亲的可加效应，σ_0^2，σ_{11}^2，σ_{12}^2，σ_2^2分别为其中的方差参数。这里针对印记基因的识别问题，所关心的统计问题仍然是要检验杂合子的两种形态所对应的性状值是否有显著的差异，即子样本$X=1$是否来自一个混合模型。

令$\mu_{11}=\mu_0+\beta^P$，$\mu_{12}=\mu_0+\beta^M$，$\mu_2=\mu_0+\beta^P+\beta^M$，并且当$\beta=\beta^P=\beta^M$时，令$\mu_1=\mu_0+\beta$。根据模型的假定，则对数似然函数为：

$$\begin{aligned} \ell_n(\theta,\pi) &= \sum_{i=1}^{n_0}\log\phi(y_{0i};\mu_0,\sigma_0^2)+\sum_{i=1}^{n_2}\log\phi(y_{2i};\mu_2,\sigma_2^2) \\ &\quad +\sum_{i=1}^{n_1}\log\{\pi\phi(y_{1i};\mu_{11},\sigma_{11}^2)+(1-\pi)\phi(y_{1i};\mu_{12},\sigma_{12}^2)\} \\ &\triangleq \ell_{0n}(\mu_0,\sigma_0)+\ell_{2n}(\mu_2,\sigma_2)+\ell_{1n}(\Gamma) \end{aligned}$$

其中，$\theta=(\mu_0,\beta^P,\beta^M,\sigma_0^2,\sigma_{11}^2,\sigma_{12}^2,\sigma_2^2)^\tau$记为除混合比例参数$\pi$外其余所有的参数，$\Gamma(\mu,\sigma^2)$为一个二元两点分布的分布函数：

$$\Gamma(\mu,\sigma^2)=\pi I(\mu_{11}\leqslant\mu,\sigma_{11}^2\leqslant\sigma^2)+(1-\pi)I(\mu_{12}\leqslant\mu,\sigma_{12}^2\leqslant\sigma^2)$$

因此有：

$$
\begin{aligned}
\ell_{1n}(\Gamma) &= \sum_{i=1}^{n_1} \log\{\pi\phi(y_{1i};\mu_{11},\sigma_{11}^2) + (1-\pi)\phi(y_{1i};\mu_{12},\sigma_{12}^2)\} \\
&= \sum_{i=1}^{n_1} \log\int \phi(y_{1i};\mu,\sigma^2)\,d\Gamma(\mu,\sigma^2)
\end{aligned}
$$

3.2 参数的估计及其相合性

3.2.1 惩罚函数

对异方差的有限混合正态模型，在理论上有很多不好的数学性质。例如，似然函数无界[17, 49]，Fisher信息量无界，不满足强可识别条件等[12]。本章提出的模型（3.1），仍然存在似然无界的问题。

设两个成分的混合正态分布的密度函数为：

$$f(y) = \pi\phi(y;\mu_{11},\sigma_{11}^2) + (1-\pi)\phi(y;\mu_{12},\sigma_{12}^2)$$

在模型中，若取$\mu_{11} = y_{11}$，当$\sigma_{11} \to 0$时，$\phi(y_{11};\mu_{11},\sigma_{11}^2) = \dfrac{1}{\sqrt{2\pi}\,\sigma_{11}} \to +\infty$。

令$\pi = 0.5, \sigma_{12} = 1, \forall i = 2, 3, \cdots, n_1, \mu_{12} \neq y_{1i}$，则$\phi(y_{1i};\mu_{12},\sigma_{12}^2) \leqslant \dfrac{1}{\sqrt{2\pi}}$。

因此有

$$
\begin{aligned}
\ell_{1n}(\Gamma) &= \sum_{i=1}^{n_1} \log f(y_{1i}) \\
&\geqslant \log\{\pi\phi(y_{11};\mu_{11},\sigma_{11}^2)\} + \sum_{i=2}^{n_1}\{(1-\pi)\phi(y_{1i};\mu_{12},\sigma_{12}^2)\} \\
&= -n_1\log 2 + \log\phi(y_{11};\mu_{11},\sigma_{11}^2) + \sum_{i=2}^{n_1}\log\phi(y_{1i};\mu_{12},\sigma_{12}^2) \\
&\to \infty
\end{aligned}
$$

也就是说，此时的似然函数趋于正无穷，没有上界。这时，参数的MLE也就不唯一，并且也不会是相合估计。

为了解决似然无界这样糟糕数学性质问题，一些研究者采取了对参数空间做限制的办法[28, 55]，另外对方差参数加惩罚也是一种有效的方法[12, 17]。在本书的研究中也将采用对方差参数加以惩罚的方法，使得方差参数的估计不会为0，从而使得惩罚似然函数是有界的。记惩罚函数为：

$$p_n(\Gamma) = \tilde{p}_n(\sigma_{11}) + \tilde{p}_n(\sigma_{12})$$

首先，为了使方差的估计不为0，所选取的惩罚函数在方差参数趋于0时要趋于负无穷，即当$\sigma \to 0$时，$\tilde{p}_n(\sigma) \to -\infty$。除此之外，还希望在有惩罚函数时，参数的估计仍然能够保持有相合性。鉴于以上想法，所选择的惩罚函数需要满足一些限制条件。Chen & Li（2009）[12] 给出了惩罚函数$\tilde{p}_n(\sigma)$需要满足的两个条件：

C1. 当$n \to +\infty$，$\sigma < 1/n$时，$\tilde{p}_n(\sigma) \leqslant 4(\log n)^2 \log(\sigma)$；

C2. $\sup\{|\tilde{p}_n(\sigma)|:\sigma > 0\} = o(n)$。

显然，条件C1能够满足当$\sigma \to 0$时，$\tilde{p}_n(\sigma) \to -\infty$。而条件C2说明当样本量n增大时，惩罚函数相对样本量n是微不足道的，因此最终不会影响参数估计的相合性。符合条件的惩罚函数有很多，常用的惩罚函数主要有：

$$\tilde{p}_n(\sigma) = -(1/\sigma^2 + \log \sigma^2)$$

以及

$$\tilde{p}_n(\sigma) = -\lambda_1(s_{n_1}^2/\sigma^2 + \log(\sigma^2/s_{n_1}^2))$$

其中

$$s_{n_1}^2 = n_1^{-1}\sum_{i=1}^{n_1}(y_{1i} - \bar{y}_1)^2$$

为样本方差[12]。这两个惩罚函数都相当于给方差参数一个先验分布，其中σ^2服从一个Gamma分布。对第一个惩罚函数相当于$\sigma^2 \sim Ga(2,1)$，当$\sigma^2 = 1$时，惩罚函数最大，对第二个惩罚函数相当于$\sigma^2 \sim Ga(2, s_{n_1}^2)$，当$\sigma^2 = s_{n_1}^2$时，惩罚函数最大。

有了对方差参数的惩罚函数后，似然函数无界的问题就可以解决了。然而当参数真值满足$\beta^P = \beta^M$，并且能够使得子样本$X = 1$满足的模型由两成分的混合正态模型退化到单一正态模型，即$\beta^P = \beta^M$且$\pi(1-\pi)(\sigma_{11} - \sigma_{12}) = 0$时，参数$\pi$，$\sigma_{11}$，$\sigma_{12}$之间将互相不能被识别。因为在此时，参数$\pi$，$\sigma_{11}$与$\sigma_{12}$有三种情况可以满足，$\pi = 0$，$\pi = 1$或

$\sigma_{11}=\sigma_{12}$。为了使这时的参数可识别，这里需要对混合比例参数π也做一个惩罚，记为$p(\pi)$。所选择的惩罚函数希望估计出的混合比例参数不能为0和1，也就是需要当$\pi\to 0$或$\pi\to 1$时，$p(\pi)\to -\infty$。Chen & Li (2009) [12] 假定$p(\pi)$所满足的条件为：

C3. $p(\pi)$为π的连续函数，在$\pi=0.5$时取到最大值，且当$\pi\to 0$或$\pi\to 1$时$p(\pi)\to -\infty$。

满足条件C3，常用的惩罚函数$p(\pi)$有$p(\pi)=\lambda_2\log(4\pi(1-\pi))$以及$p(\pi)=\lambda_2\log\{1-2|\pi-0.5|\}$。第一个惩罚相当于假设$\pi$有一个Beta先验分布，$\pi\sim\text{Beta}(\lambda_2+1,\lambda_2+1)$。第二个惩罚函数相对第一个惩罚函数对$\pi$的惩罚要大一些，因为

$$\log(1-2|\pi-0.5|)\leqslant\log(1-4|\pi-0.5|^2)=\log(4\pi(1-\pi))$$

对第二个惩罚，当π接近0.5时，惩罚还具有Lasso惩罚的功能[56]，能够把接近0.5的混合比例π压缩到0.5。除此之外，还有其他的惩罚函数可供选择，例如：

$$p(\pi)=\lambda_2\log\{1-2|\pi-0.5|^h\},0<h\leqslant 2$$

等等[41]。

以上分别介绍了对方差参数以及混合比例参数的惩罚函数，目的是解决似然函数无界的问题以及部分情况下参数不可识别的问题，同时要使得参数基于惩罚函数的估计能够满足相合性。在下一节将具体研究基于惩罚似然函数对参数的极大似然估计。

3.2.2 惩罚极大似然估计

类似于第2章，在模型（3.1）中，显然参数(β^P,σ_{11}^2)和(β^M,σ_{12}^2)是对称的并且是可交换的，因此(β^P,σ_{11}^2)与(β^M,σ_{12}^2)是不可识别的。为了使参数能够唯一被识别，参数将被限制为$(\beta^P,\sigma_{11}^2)\preceq(\beta^M,\sigma_{12}^2)$，其中，"$\preceq$"表示的是按照字典序的大小关系，$(\beta^P,\sigma_{11}^2)\preceq(\beta^M,\sigma_{12}^2)$表示$(\beta^P,\sigma_{11}^2)$排在$(\beta^M,\sigma_{12}^2)$的前面，也就是说，此时参数满足$\beta^P\leqslant\beta^M$或者$\beta^P=\beta^M$，$\sigma_{11}^2\leqslant\sigma_{12}^2$。

在该限制条件下，使得惩罚对数似然函数

$$p\ell_n(\theta,\pi)=\ell_n(\theta,\pi)+p_n(\Gamma)+p(\pi) \tag{3.2}$$

最大的参数估计记为$(\hat{\theta},\hat{\pi})$。参数的惩罚极大似然估计（PMLE）仍然可以利用EM算法来得到。这里取

$$\tilde{p}_n(\sigma)=-\lambda_1(s_{n_1}^2/\sigma^2+\log(\sigma^2/s_{n_1}^2))$$

$$p(\pi)=\lambda_2\log\{1-2|\pi-0.5|\}$$

为惩罚函数来求参数的PMLE。

在子样本X = 1中，仍然假定潜在变量H是能够观测到的，并且记为h_i，$i=1,2,\cdots,n_1$，则完全惩罚对数似然函数为：

$$\begin{aligned}p\ell_n^c(\theta,\pi)=&\sum_{i=1}^{n_0}\log\phi(y_{0i};\mu_0,\sigma_0^2)+\sum_{i=1}^{n_2}\log\phi(y_{2i};\mu_2,\sigma_2^2)\\&+\sum_{i=1}^{n_1}h_i\log\phi(y_{1i};\mu_{11},\sigma_{11}^2)+\sum_{i=1}^{n_1}(1-h_i)\log\phi(y_{1i};\mu_{12},\sigma_{12}^2)\\&+\left\{\sum_{i=1}^{n_1}h_i\right\}\log\pi+\left\{\sum_{i=1}^{n_1}(1-h_i)\right\}\log(1-\pi)\\&-\lambda_1(s_{n_1}^2/\sigma_{11}^2+\log(\sigma_{11}^2/s_{n_1}^2))-\lambda_1(s_{n_1}^2/\sigma_{12}^2+\log(\sigma_{12}^2/s_{n_1}^2))\\&+\lambda_2\log\{1-2|\pi-0.5|\}\end{aligned}$$

在EM算法的E步中得到$p\ell_n^c(\theta,\pi)$的条件期望为：

$$\begin{aligned}&Q(\theta,\pi,\theta^{(t)},\pi^{(t)})\\=&\sum_{i=1}^{n_0}\log\phi(y_{0i};\mu_0,\sigma_0^2)+\sum_{i=1}^{n_2}\log\phi(y_{2i};\mu_2,\sigma_2^2)\\&+\sum_{i=1}^{n_1}\gamma_i^{(t)}\log\phi(y_{1i};\mu_{11},\sigma_{11}^2)+\sum_{i=1}^{n_1}(1-\gamma_i^{(t)})\log\phi(y_{1i};\mu_{12},\sigma_{12}^2)\\&+\left\{\sum_{i=1}^{n_1}\gamma_i^{(t)}\right\}\log\pi+\left\{\sum_{i=1}^{n_1}(1-\gamma_i^{(t)})\right\}\log(1-\pi)\\&-\lambda_1(s_{n_1}^2/\sigma_{11}^2+\log(\sigma_{11}^2/s_{n_1}^2))-\lambda_1(s_{n_1}^2/\sigma_{12}^2+\log(\sigma_{12}^2/s_{n_1}^2))\\&+\lambda_2\log\{1-2|\pi-0.5|\}\end{aligned}$$

其中

$$\gamma_i^{(t)}=\frac{\pi^{(t)}\phi(y_{1i};\mu_{11}^{(t)},(\sigma_{11}^2)^{(t)})}{\pi^{(t)}\phi(y_{1i};\mu_{11}^{(t)},(\sigma_{11}^2)^{(t)})+(1-\pi^{(t)})\phi(y_{1i};\mu_{12}^{(t)},(\sigma_{12}^2)^{(t)})}$$

为在给定数据y_{1t}以及当前参数$\theta^{(t)}$与$\pi^{(t)}$时，h_i的条件期望。

在M步中，要求出参数θ和π，使得$Q(\theta,\pi,\theta^{(t)},\pi^{(t)})$最大。首先，混

合比例参数π的更新为：

$$\pi^{(t+1)}=\begin{cases}\min\{0.5,(n_1+\lambda_2)^{-1}(\sum_{i=1}^{n_1}\gamma_i^{(t)}+\lambda_2)\}, & n_1^{-1}\sum_{i=1}^{n_1}\gamma_i^{(t)}<0.5\\ \max\{0.5,(n_1+\lambda_2)^{-1}\sum_{i=1}^{n_1}\gamma_i^{(t)}\}, & n_1^{-1}\sum_{i=1}^{n_1}\gamma_i^{(t)}\geqslant 0.5\end{cases}$$

接下来，将方差参数σ_0^2，σ_{11}^2，σ_{12}^2和σ_2^2固定，求得均值参数的更新分别为：

$$\mu_0^{(t+1)}=\bar{y}_0+\frac{v_0^{(t)}}{v_0^{(t)}+v_{11}^{(t)}+v_{12}^{(t)}+v_2^{(t)}}(\bar{y}_{11}^{(t)}+\bar{y}_{12}^{(t)}-\bar{y}_0-\bar{y}_2)$$

$$\mu_{11}^{(t+1)}=\bar{y}_{11}^{(t)}+\frac{v_{11}^{(t)}}{v_0^{(t)}+v_{11}^{(t)}+v_{12}^{(t)}+v_2^{(t)}}(\bar{y}_{11}^{(t)}+\bar{y}_{12}^{(t)}-\bar{y}_0-\bar{y}_2)$$

$$\mu_{12}^{(t+1)}=\bar{y}_{12}^{(t)}+\frac{v_{12}^{(t)}}{v_0^{(t)}+v_{11}^{(t)}+v_{12}^{(t)}+v_2^{(t)}}(\bar{y}_{11}^{(t)}+\bar{y}_{12}^{(t)}-\bar{y}_0-\bar{y}_2)$$

$$\mu_2^{(t+1)}=\bar{y}_2+\frac{v_2^{(t)}}{v_0^{(t)}+v_{11}^{(t)}+v_{12}^{(t)}+v_2^{(t)}}(\bar{y}_{11}^{(t)}+\bar{y}_{12}^{(t)}-\bar{y}_0-\bar{y}_2)$$

其中的记号为各子样本的样本均值：

$$\bar{y}_0=n_0^{-1}\sum_{i=1}^{n_0}y_{0i},\quad \bar{y}_2=n_2^{-1}\sum_{i=1}^{n_2}y_{2i}$$

$$\bar{y}_{11}=\{n_1\pi^{(t+1)}\}^{-1}\sum_{i=1}^{n_1}\gamma_i^{(t)}y_{1i},\quad \bar{y}_{12}=\{n_1(1-\pi^{(t+1)})\}^{-1}\sum_{i=1}^{n_1}(1-\gamma_i^{(t)})y_{1i}$$

以及

$$v_0^{(t)}=n_0^{-1}(\sigma_0^2)^{(t)},\quad v_2^{(t)}=n_2^{-1}(\sigma_2^2)^{(t)}$$

$$v_{11}^{(t)}=\{n_1\pi^{(t+1)}\}^{-1}(\sigma_{11}^2)^{(t)},\quad v_{12}^{(t)}=\{n_1(1-\pi^{(t+1)})\}^{-1}(\sigma_{12}^2)^{(t)}$$

最后固定均值参数，求得方差参数的更新分别为：

$$(\sigma_0^2)^{(t+1)}=n_0^{-1}S_0^{(t)},\quad (\sigma_2^2)^{(t+1)}=n_2^{-1}S_2^{(t)}$$

$$(\sigma_{11}^2)^{(t+1)}=\{n_1\pi^{(t+1)}+2\lambda_1\}^{-1}(S_{11}^{(t)}+2s_{n_1}^2\lambda_1)$$

$$(\sigma_{12}^2)^{(t+1)}=\{n_1(1-\pi^{(t+1)})+2\lambda_1\}^{-1}(S_{12}^{(t)}+2s_{n_1}^2\lambda_1)$$

其中记号

$$S_0^{(t)}=\sum_{i=1}^{n_0}(y_{0i}-\mu_0^{(t+1)})^2,\quad S_2^{(t)}=\sum_{i=1}^{n_2}(y_{2i}-\mu_2^{(t+1)})^2$$

$$S_{11}^{(t)}=\sum_{i=1}^{n_1}\gamma_i^{(t)}(y_{1i}-\mu_{11}^{(t+1)})^2,\quad S_{12}^{(t)}=\sum_{i=1}^{n_1}(1-\gamma_i^{(t)})(y_{1i}-\mu_{12}^{(t+1)})^2$$

分别为各子样本的残差平方和。

经过上述E步、M步的迭代，每一步迭代后惩罚似然函数都会有所增加。当惩罚对数似然函数（3.2）的值不再增加时（相邻两步的对数似然函数值相差不超过10^{-5}），可认为EM算法收敛，此时就可以获得参数的PMLE。在实际计算中，为了增大获得惩罚似然全局最大的机会，仍然需要选取多个初值来实现。其中，参数的矩估计作为EM算法的初值是一个很好的选择。在模拟研究中，参数的真值也可以作为EM算法初值的一个选择。

3.2.3 相合性

下面分析模型（3.1）基于惩罚似然函数的惩罚极大似然估计的相合性。具体如下：

当参数的真值满足$\pi(1-\pi)\neq 0$且$(\beta^P,\sigma_{11})\neq(\beta^M,\sigma_{12})$时，模型在参数的真值附近满足经典统计理论中的正则条件。因此，这时模型中参数的PMLE $(\hat{\theta},\hat{\pi})$是相合的，即当$n\to\infty$且$n_j/n\to\rho_j>0$，$j=0,1,2$时，$(\hat{\theta},\hat{\pi})\to(\theta,\pi)$。

当参数的真值满足$\pi(1-\pi)=0$且$\beta^P\neq\beta^M$时，模型不满足正则条件，其中π的真值依赖于参数空间的边界，且参数σ_{11}（当$\pi=0$）或σ_{12}（当$\pi=1$）是不可识别的。但是，由于有两组纯合子样本$X=0,2$提供的辅助信息，可以使得参数的PMLE$(\hat{\theta},\hat{\pi})$中除$\hat{\sigma}_{11}$或$\hat{\sigma}_{12}$外都是相合的。

当参数的真值满足$\beta^P=\beta^M=\beta$且$\pi(1-\pi)(\sigma_{11}-\sigma_{12})=0$时，混合正态模型退化为通常的正态模型，此时的混合比例π不可识别。但是，由于有惩罚函数$p(\pi)$的作用，除$\hat{\pi}$外其余参数的PMLE都是相合的，即当$n\to\infty$且$n_j/n\to\rho_j>0$，$j=0,1,2$时，$\hat{\theta}\to\theta$。

以上分析可以总结为下面的定理：

定理3.1 设$y_{01},y_{02},\cdots,y_{0n_0}$；$y_{11},y_{12},\cdots,y_{1n_1}$；$y_{21},y_{22},\cdots,y_{2n_2}$为来自模型（3.1）的随机样本。在限制条件$(\beta^P,\sigma_{11}^2)\leq(\beta^M,\sigma_{12}^2)$下，基于惩罚对数似然函数（3.2）的极大似然估计为$(\hat{\theta},\hat{\pi})$，其中对方差的惩罚函数$\tilde{p}_n(\sigma)$满足条件C1和C2，对混合比例参数的惩罚函数$p(\pi)$满足条件C3。假定

样本量$n=n_0+n_1+n_2\to\infty$，且$n_j/n\to\rho_j>0$，$j=0,1,2$。

（1）若$\pi(1-\pi)\neq 0$且$(\beta^P,\sigma_{11})\neq(\beta^M,\sigma_{12})$，则$(\hat{\theta},\hat{\pi})$是$(\theta,\pi)$的相合估计；

（2）若$\beta^P\neq\beta^M$，令$\theta_{-1}=(\mu_0,\beta^P,\beta^M,\sigma_0^2,\sigma_{12}^2,\sigma_2^2)^\tau$以及$\theta_{-2}=(\mu_0,\beta^P,\beta^M,\sigma_0^2,\sigma_{11}^2,\sigma_2^2)^\tau$，则当$\pi=0$时，$\hat{\theta}_{-1}$是$\theta_{-1}$的相合估计，当$\pi=1$时，$\hat{\theta}_{-2}$是$\theta_{-2}$的相合估计；

（3）若$\beta^P=\beta^M=\beta$且$\pi(1-\pi)(\sigma_{11}-\sigma_{12})=0$，则$\hat{\theta}$为参数$(\mu_0,\beta,\beta,\sigma_0^2,\sigma_1^2,\sigma_1^2,\sigma_2^2)^\tau$的相合估计。

证明 这里仍然用上标*来表示参数的真值。对正常数ε_i，$j=0,1,2$，定义参数的子空间分别为：

$$A_0=\{(\theta,\pi):|\mu_0-\mu_0^*|+|\sigma_0-\sigma_0^*|\leqslant\varepsilon_0\}$$

$$A_1=\{(\theta,\pi):|\Gamma-\Gamma^*|\leqslant\varepsilon_1\}$$

$$A_2=\{(\theta,\pi):|\mu_2-\mu_2^*|+|\sigma_2-\sigma_2^*|\leqslant\varepsilon_2\}$$

其中

$$\left|\Gamma_1-\Gamma_2\right|=\int\left|\Gamma_1(\mu,\sigma)-\Gamma_2(\mu,\sigma)\right|\exp(-\sqrt{\mu^2+\sigma^2})d\mu d\sigma$$

对纯合子样本$X=0$和$X=2$，与定理2.1类似的有对任意小的$\varepsilon_0>0$，$\varepsilon_2>0$都存在常数$\rho_0>0$和$\rho_2>0$使得下面的式子几乎处处成立：

$$\sup_{|\mu_0-\mu_0^*|+|\sigma_0-\sigma_0^*|>\varepsilon_0}\ell_{0n}(\mu_0,\sigma_0)-\ell_{0n}(\mu_0^*,\sigma_0^*)\leqslant -n_0\rho_0 \tag{3.3}$$

以及

$$\sup_{|\mu_2-\mu_2^*|+|\sigma_2-\sigma_2^*|>\varepsilon_2}\ell_{2n}(\mu_2,\sigma_2)-\ell_{2n}(\mu_2^*,\sigma_2^*)\leqslant -n_2\rho_2 \tag{3.4}$$

对子样本$X=1$，令$B=\{(\theta,\pi):\sigma_{11}\leqslant\tau_1,\sigma_{12}\leqslant\tau_2\}$，其中，$\tau_1>0$，$\tau_2>0$，根据假设条件C1，C2以及Chen，Tan & Zhang（2008）[17]中的结果，有：

$$\sup_{(\theta,\pi)\in B}\ell_{1n}(\Gamma)+p_n(\Gamma)-\ell_{1n}(\Gamma^*)-p_n(\Gamma^*)\leqslant -n_1\rho_1$$

再结合Kiefer & Wolfowitz（1956）[35]的结论可知：

$$\sup_{(\theta,\pi)\notin A_1}\ell_{1n}(\Gamma)+p_n(\Gamma)-\ell_{1n}(\Gamma^*)-p_n(\Gamma^*)\leqslant -n_1\rho_1$$

记$p\ell_{1n}(\theta,\pi)=\ell_{1n}(\Gamma)+p_n(\Gamma)+p(\pi)$，因为$p(\pi)-p(\pi^*)=o_p(n)$，

所以有：

$$\sup_{(\theta,\pi)\notin A_1} p\ell_{1n}(\Gamma) - p\ell_{1n}(\Gamma^*) \leqslant -n_1\rho_1 \tag{3.5}$$

由上面的三个不等式（3.3），（3.4）和（3.5），类似定理2.1的证明，可以得到$(\hat{\theta},\hat{\pi}) \in A_0 \cap A_1 \cap A_2$，即$(\hat{\mu}_j,\hat{\sigma}_j) \to (\mu_j^*,\sigma_j^*)$，$j=0,2$以及$\hat{\Gamma} \to \Gamma^*$。再由$\mu_{11}=\mu_0+\beta^P$，$\mu_{12}=\mu_0+\beta^M$，$\mu_2=\mu_0+\beta^P+\beta^M$，可以得到：

$$\begin{cases} \hat{\beta}^P+\hat{\beta}^M \to \beta^{*P}+\beta^{*M} \\ \hat{\pi}\hat{\beta}^P+(1-\hat{\pi})\hat{\beta}^M \to \pi^*\beta^{*P}+(1-\pi^*)\beta^{*M} \\ \hat{\pi}(\hat{\beta}^P)^2+(1-\hat{\pi})(\hat{\beta}^M)^2 \to \pi^*(\beta^{*P})^2+(1-\pi^*)(\beta^{*M})^2 \\ \hat{\pi}\hat{\sigma}_{11}+(1-\hat{\pi})\hat{\sigma}_{12} \to \pi^*\sigma_{11}^*+(1-\pi^*)\sigma_{12}^* \\ \hat{\pi}\hat{\sigma}_{11}^2+(1-\hat{\pi})\hat{\sigma}_{12}^2 \to \pi^*(\sigma_{11}^*)^2+(1-\pi^*)(\sigma_{12}^*)^2 \end{cases}$$

通过解上面的方程组可以得到定理的结论。

由定理3.1的结论（3）可以看出，当混合模型退化到一般的正态模型时，参数π是不可识别的。然而，参数估计$\hat{\theta}$仍然是相合估计，这一点为进一步讨论似然比检验统计量的极限分布提供了良好的基础。

3.3 似然比检验

印记基因的检验，对应于异方差的混合模型（3.1）中就是检验两个成分的参数(β^P,σ_{11}^2)和(β^M,σ_{12}^2)是否相等，即检验问题

$$H_0:(\beta^P,\sigma_{11}^2)=(\beta^M,\sigma_{12}^2) \tag{3.6}$$

但是由定理3.1的结论（2）可知，当参数满足$\beta^P=\beta^M$，$\sigma_{11}\neq\sigma_{12}$且$\pi=0$或1时，相应的参数$\sigma_{11}$或$\sigma_{12}$是不可识别的，这时没有足够的数据信息来对其推断。幸运的是，在大多数群体中$\pi=0$或1一般都不会成立。因此，这里将这种情况纳入假设（3.6）中，用下面的一个新的检验来代替：

$$H_0:\beta^P=\beta^M \text{且} \pi(1-\pi)(\sigma_{11}-\sigma_{12})=0 \tag{3.7}$$

在原假设下，模型仍然是简单的，这时的三组子样本都服从正态分布。记参数$\varphi=(\mu_0,\beta,\sigma_0^2,\sigma_1^2,\sigma_2^2)^\tau$，对数似然函数变为：

$$\tilde{\ell}_n(\varphi)=\sum_{i=1}^{n}\log\phi(y_i;\mu_0+x_i\beta,\sigma_{x_i}^2)$$

相应的惩罚对数似然函数为：

$$p\tilde{\ell}_n(\varphi,\pi)=\sum_{i=1}^{n}\log\phi(y_i;\mu_0+x_i\beta,\sigma_{x_i}^2)+2\tilde{p}_n(\sigma_1)+p(\pi)$$

在原假设下，基于该惩罚对数似然函数，参数φ的估计是容易的，记为$\hat{\varphi}$。而由条件 C3 可知，参数π的估计为 0.5，所以有$p(\hat{\pi})=p(0.5)=0$。这里定义的似然比统计量为：

$$R_n=2\{\ell_n(\hat{\theta},\hat{\pi})-\tilde{\ell}_n(\hat{\varphi})\}\tag{3.8}$$

其中，$\hat{\theta}$与$\hat{\pi}$为使得惩罚对数似然函数$p\ell_n(\theta,\pi)$最大的估计，$\hat{\varphi}$为使惩罚对数似然函数$p\tilde{\ell}_n(\varphi,0.5)$最大的估计。

从模型上看，两组纯合子样本的辅助信息只对均值参数提供更多的信息，而对方差参数没有提供更多的信息。因此，需要对混合比例参数π也做一个惩罚。在有了对方差的惩罚以及对混合比例的惩罚后，参数的估计就有了相合性，进而引入了基于惩罚的似然比统计量R_n。为了推导R_n在原假设成立下的极限分布，还需要对惩罚函数$\tilde{p}_n(\sigma)$再做一个假设[12]，即需要满足条件：

C4. 对任意的$\sigma>0$，都有$\tilde{p}_n'(\sigma)=o_p(n^{1/6})$。

经过推导，将得出统计量R_n有以下定理中较简单而且易使用的极限分布：

定理 3.2 设$y_{01},y_{02},\cdots,y_{0n_0}$；$y_{11},y_{12},\cdots,y_{1n_1}$；$y_{21},y_{22},\cdots,y_{2n_2}$为来自模型（3.1）的样本。$(\hat{\theta},\hat{\pi})$为限制条件$(\beta^P,\sigma_{11}^2)\leq(\beta^M,\sigma_{12}^2)$下基于惩罚对数似然函数$p\ell_n(\theta,\pi)$的极大似然估计，$\hat{\varphi}$为基于惩罚对数似然函数$p\tilde{\ell}_n(\varphi,\pi)$的极大似然估计。其中，对方差的惩罚函数$\tilde{p}_n(\sigma)$满足条件 C1，C2 和 C4，对混合比例的惩罚函数$p(\pi)$满足条件 C3。假定$n=n_0+n_1+n_2\to\infty$，且$n_j/n\to\rho_j>0$，$j=0,1,2$。在原假设成立时，LRT 统计量（3.8）的极限分布为：

$$R_n\to\chi_3^2\tag{3.9}$$

证明 首先将 LRT 统计量分为两个部分：

$$
\begin{aligned}
R_n &= 2\{\ell_n(\hat{\theta},\hat{\pi}) - \tilde{\ell}_n(\hat{\varphi})\} \\
&= 2\{\ell_n(\hat{\theta},\hat{\pi}) - \ell_n(\theta^*,0.5)\} - 2\{\tilde{\ell}_n(\hat{\varphi}) - \tilde{\ell}_n(\varphi^*)\} \\
&\triangleq R_{1n} - R_{2n}
\end{aligned}
$$

其中，第二个等号成立是因为$\ell_n(\theta^*,0.5) = \tilde{\ell}_n(\hat{\varphi})$。

因为$(\hat{\theta},\hat{\pi})$，$\hat{\varphi}$都是基于惩罚对数似然函数得到的估计，因此这里首先考虑惩罚似然比统计量的分解，分别为：

$$pR_{1n} = 2\{p\ell_n(\hat{\theta},\hat{\pi}) - p\tilde{\ell}_n(\hat{\theta},0.5)\}$$

和

$$pR_{2n} = 2\{p\ell_n(\hat{\varphi},0.5) - p\tilde{\ell}_n(\varphi^*,0.5)\}$$

对第一部分pR_{1n}，仍然通过在真值的展开式来研究其极限分布。由定理3.1中参数估计相合性的结论，假设$\hat{\theta} - \theta^* = o_p(1)$。

这里仍然用定理2.2证明中的一些记号，对(x_i,y_i)，$i = 1,2,\cdots,n$，定义 $a_i = (y_i - \mu_0^* - x_i\beta^*)/\sigma_{x_i}^*$，$b_i = a_i^2 - 1$，$c_i = (a_i^3 - 2a_i)/6$，以及$d_i = (a_i^4 - 6a_i^2 + 3)/24$。记在三组子样本（$j = 0,1,2$）中相应的均值分别为：

$$(\bar{z}_{aj},\bar{z}_{bj},\bar{z}_{cj},\bar{z}_{dj}) = n_j^{-1}\sum_{i:x_i=j}(a_i,b_i,c_i,d_i)$$

由中心极限定理，$(\bar{z}_{aj},\bar{z}_{bj},\bar{z}_{cj},\bar{z}_{dj})$有渐近正态分布且为$O_p(n^{-1/2})$。对参数，令

$$\bar{\mu}_0 = (\mu_0 - \mu_0^*)/\sigma_0^*,\quad \bar{\mu}_2 = (\mu_2 - \mu_2^*)/\sigma_2^*$$

$$\bar{\mu}_{11} = (\mu_{11} - \mu_{11}^*)/\sigma_{11}^*,\quad \bar{\mu}_{12} = (\mu_{12} - \mu_{12}^*)/\sigma_{12}^*$$

$$\bar{\sigma}_0 = (\sigma_0 - \sigma_0^*)/\sigma_0^*,\quad \bar{\sigma}_2 = (\sigma_2 - \sigma_2^*)/\sigma_2^*$$

在原假设成立时，有$(\mu_{11}^*,\sigma_{11}^*) = (\mu_{12}^*,\sigma_{12}^*) = (\mu_0^* + \beta^*,\sigma_1^*)$。

对$\ell_{0n}(\mu_0,\sigma_0)$和$\ell_{2n}(\mu_2,\sigma_2)$应用泰勒展开公式，可以得到：

$$
\begin{aligned}
&\ell_{0n}(\mu_0,\sigma_0) - \ell_{0n}(\mu_0^*,\sigma_0^*) \\
&= n_0\{(\bar{z}_{a0}\bar{\mu}_0 + \bar{z}_{b0}\bar{\sigma}_0) - (\bar{\mu}_0^2 + 2\bar{\sigma}_0^2)/2\} + n_0 o_p(\bar{\mu}_0^2 + \bar{\sigma}_0^2)
\end{aligned} \tag{3.10}
$$

和

$$
\begin{aligned}
&\ell_{2n}(\mu_2,\sigma_2) - \ell_{2n}(\mu_2^*,\sigma_2^*) \\
&= n_2\{(\bar{z}_{a2}\bar{\mu}_2 + \bar{z}_{b2}\bar{\sigma}_2) - (\bar{\mu}_2^2 + 2\bar{\sigma}_2^2)/2\} + n_2 o_p(\bar{\mu}_2^2 + \bar{\sigma}_2^2)
\end{aligned} \tag{3.11}
$$

对$l,s=0,1,2,3,4$，记

$$m_{l,s}=\pi\bar{\mu}_{11}^{l}\{(\sigma_{11}/\sigma_1^*)^2-1\}^s+(1-\pi)\bar{\mu}_{12}^{l}\{(\sigma_{12}/\sigma_1^*)^2-1\}^s$$

再令

$$t_1=m_{1,0},\quad t_2=(m_{2,0}+m_{0,1})/2$$

$$t_3=m_{3,0}+3m_{1,1},\quad t_4=m_{4,0}+6m_{2,1}+3m_{0,2}$$

这里的t_1，t_2，t_3，t_4对应于混合模型中的前四阶矩。对$\ell_{1n}(\Gamma)+p_n(\Gamma)$，由条件C1，C2，C4以及在Chen & Li（2009）[12]中的证明可知在参数真值的附近有：

$$\begin{aligned}&\ell_{1n}(\Gamma)+p_n(\Gamma)-\ell_{1n}(\Gamma^*)-p_n(\Gamma^*)\\ \leqslant\ & t_1\sum a_i+t_2\sum b_i+t_3\sum c_i+t_4\sum d_i\\ &-(1/2)\{t_1^2\sum a_i^2+t_2^2\sum b_i^2+t_3^2\sum c_i^2+t_4^2\sum d_i^2\}\{1+o_p(1)\}+o_p(1)\end{aligned}$$

其中，这里的求和符号都指的是对子样本$X=1$来求。

由强大数定律，可知：

$$n_1^{-1}\sum(a_i^2,b_i^2,c_i^2,d_i^2)\rightarrow(1,2,1/6,1/24)$$

几乎处处成立。又由记号$(\bar{z}_{aj},\bar{z}_{bj},\bar{z}_{cj},\bar{z}_{dj})=n_1^{-1}\sum(a_i,b_i,c_i,d_i)$，上面的展开式可以化简为：

$$\begin{aligned}&\ell_{1n}(\Gamma)+p_n(\Gamma)-\ell_{1n}(\Gamma^*)-p_n(\Gamma^*)\\ \leqslant\ & n_1\{\bar{z}_{a1}t_1+\bar{z}_{b1}t_2+\bar{z}_{c1}t_3+\bar{z}_{d1}t_4\}\\ &-(n_1/2)\{t_1^2+2t_2^2+t_3^2/6+t_4^2/24\}\{1+o_p(1)\}+o_p(1)\end{aligned}\tag{3.12}$$

以上（3.10），（3.11），（3.12）分别给出了ℓ_{0n}，ℓ_{2n}与ℓ_{1n}的展开式。合并这三个展开式可以得到$p\ell_n=\ell_{0n}+\ell_{1n}+\ell_{2n}=p_n(\Gamma)+p(\pi)$的展开式，其中除$p(\pi)$外，其余项都是二次型的形式。因此，$p\ell_n-p(\pi)$的局部最大值点需要满足：

$$(\bar{\mu}_0,\bar{\mu}_2,\bar{\sigma}_0,\bar{\sigma}_2,t_1,t_2,t_3,t_4)=O_p(n^{-1/2})$$

事实上，对于$\Delta=n_1\bar{z}_{a1}t_1-n_1/2t_1^2$，因为$\bar{z}_{a1}=O_p(n^{-1/2})$，如果$t_1$比$O_p(n^{-1/2})$趋于0的速度要慢，例如，若$t_1=O_p(n^{-1/4})$，则可以得到$\Delta=n_1[O_p(n^{-3/4})-O_p(n^{-1/2})]\rightarrow-\infty$。从模型3.1可知，两组纯合子样本只对均值参数有辅助信息，而对方差参数没有。因此，不能对t_1，t_2，t_3，

t_4作进一步的简化。当参数满足下面的方程组时，$p\ell_n - p(\pi)$达到最大：

$$\bar{\mu}_0 = \bar{z}_{a0},\ \bar{\sigma}_0 = \bar{z}_{b0}/2$$

$$\bar{\mu}_2 = \bar{z}_{a2},\ \bar{\sigma}_2 = \bar{z}_{b2}/2$$

$$t_1 = \bar{z}_{a1},\ t_2 = \bar{z}_{b1}/2,\ t_3 = 6\bar{z}_{c1},\ t_4 = 24\bar{z}_{d1}$$

下面我们将说明上述方程组的解是存在的，也就是说（3.12）的上界是可以达到的。首先，$\bar{\mu}_0$，$\bar{\sigma}_0$和$\bar{\sigma}_2$的解是自然的，不受其他参数约束。由$\bar{\mu}_0 = O_p(n^{-1/2})$和$\bar{\mu}_2 = O_p(n^{-1/2})$，可得：

$$\sigma_1^*(\bar{\mu}_{11} + \bar{\mu}_{12}) = \sigma_0^*\bar{\mu}_0 + \sigma_2^*\bar{\mu}_2 = O_p(n^{-1/2})$$

$$\bar{\mu}_{11} + \bar{\mu}_{12} = O_p(n^{-1/2}) \tag{3.13}$$

由（3.13）以及

$$t_1 = m_{1,0} = (2\pi - 1)\bar{\mu}_{11} + (1-\pi)(\bar{\mu}_{11} + \bar{\mu}_{12}) = O_p(n^{-1/2})$$

可得：

$$(2\pi - 1)\bar{\mu}_{11} = O_p(n^{-1/2}) \tag{3.14}$$

由$t_1 = \pi\bar{\mu}_{11} + (1-\pi)\bar{\mu}_{12}$，可得：

$$\bar{\mu}_{12} = \frac{t_1 - \pi\bar{\mu}_{11}}{1-\pi} \tag{3.15}$$

令$\bar{\eta}_{1h} = \bar{\mu}_{1h}^2 + (\sigma_{1h}/\sigma_1^*)^2 - 1$，$h = 1,2$，则：

$$\begin{aligned}2t_2 &= \pi(\mu_{11}^2 + (\sigma_{11}/\sigma_1^*)^2 - 1) + (1-\pi)(\mu_{12}^2 + (\sigma_{12}/\sigma_1^*)^2 - 1)\\ &= \pi\bar{\eta}_{11} + (1-\pi)\bar{\eta}_{12}\end{aligned}$$

进而有：

$$\bar{\eta}_{12} = \frac{2t_2 - \pi\bar{\eta}_{11}}{1-\pi} \tag{3.16}$$

由（3.15），（3.16）以及$t_1 = O_p(n^{-1/2})$，$t_2 = O_p(n^{-1/2})$，$\bar{\mu}_{1h} = o_p(1)$，$\bar{\eta}_{1h} = o_p(1)$，$h = 1,2$，可以对t_3和t_4分别简化为：

$$\begin{aligned}t_3 &= \pi\{\bar{\mu}_{11}^3 + 3\bar{\mu}_{11}[(\sigma_{11}/\sigma_1^*)^2 - 1]\}\\ &\quad + (1-\pi)\{\bar{\mu}_{12}^3 + 3\bar{\mu}_{12}[(\sigma_{12}/\sigma_1^*)^2 - 1]\}\\ &= \pi(3\bar{\mu}_{11}\bar{\eta}_1 - 2\bar{\mu}_{11}^3) + (1-\pi)(3\bar{\mu}_{12}\bar{\eta}_{12} - 2\bar{\mu}_{12}^3)\\ &= \frac{3\pi}{1-\pi}\bar{\mu}_{11}\bar{\eta}_{11} - \frac{2\pi(1-2\pi)}{(1-\pi)^2}\bar{\mu}_{11}^3 + o_p(n^{-1/2})\\ &= \frac{3\pi}{1-\pi}\bar{\mu}_{11}\bar{\eta}_{11} + o_p(n^{-1/2})\end{aligned} \tag{3.17}$$

$$t_4=\pi\{\bar{\mu}_{11}^4+6\bar{\mu}_{11}^2[(\sigma_{11}/\sigma_1^*)^2-1]+3[(\sigma_{11}/\sigma_1^*)^2-1]^2\}$$
$$+(1-\pi)\{\bar{\mu}_{12}^4+6\bar{\mu}_{12}^2[(\sigma_{12}/\sigma_1^*)^2-1]+3[(\sigma_{12}/\sigma_1^*)^2-1]^2\}$$
$$=\pi(3\bar{\eta}_{11}^2-2\bar{\mu}_{11}^4)+(1-\pi)(3\bar{\eta}_{12}^2-2\bar{\mu}_{12}^4) \tag{3.18}$$
$$=\frac{3\pi}{1-\pi}\bar{\eta}_{11}^2-\frac{2\pi(1-3\pi+3\pi^2)}{(1-\pi)^3}\bar{\mu}_{11}^4+o_p(n^{-1/2})$$

当 $t_4=24\bar{z}_{d1}\geqslant 0$ 时，可以选择 $\bar{\mu}_{11}=O_p(n^{-1/4})$，$\bar{\mu}_{12}=O_p(n^{-1/4})$ 以满足方程（3.17）和（3.18），此时有：

$$t_4=\frac{3\pi}{1-\pi}\bar{\eta}_{11}^2+o_p(n^{-1/4})$$

再联合（3.17）消去 $\bar{\eta}_{11}$，可得：

$$\frac{3\pi}{1-\pi}\bar{\mu}_{11}^2t_4=t_3^2+o_p(n^{-1/2}) \tag{3.19}$$

当 $t_4=24\bar{z}_{d1}<0$ 时，可以选择 $\bar{\mu}_{11}=O_p(n^{-1/8})$，$\bar{\mu}_{12}=O_p(n^{-1/8})$ 来满足方程（3.17）和（3.18），此时有：

$$t_4=-\frac{2\pi(1-3\pi+3\pi^2)}{(1-\pi)}\bar{\mu}_{11}^4+o_p(n^{-1/2}) \tag{3.20}$$

忽略掉（3.19）或（3.20）中的 $o_p(n^{-1/2})$，再联合

$$t_1=(2\pi-1)\bar{\mu}_{11}+(1-\pi)(\sigma_2^*\bar{z}_{a2}+\sigma_0^*\bar{z}_{a0})/\sigma_1^*$$

可以解出 $\bar{\mu}_{11}$ 和 π，进而能够解出相应的参数 $\bar{\mu}_{12}$，σ_{11} 和 σ_{12}。

无论 $\bar{\mu}_{11}=O_p(n^{-1/4})$ 还是 $O_p(n^{-1/8})$，由 $(2\pi-1)\bar{\mu}_{11}=O_p(n^{-1/2})$，可知 $(2\pi-1)=o_p(1)$。又惩罚函数 $p(\pi)$ 的最大值点为0.5。因此，$p\ell_n-p(\pi)$ 与 $p(\pi)$ 能够同时达到最大。

当参数满足上述的方程组时，（3.12）将变为等式，因此有：

$$p(\pi)-p(0.5)=o_p(1)$$

以及

$$pR_{1n}=n_0\{\bar{z}_{a0}^2+\bar{z}_{b0}^2/2\}+n_2\{\bar{z}_{a2}^2+\bar{z}_{b2}^2/2\}$$
$$+n_1\{\bar{z}_{a1}^2+\bar{z}_{b1}^2/2+6\bar{z}_{c1}^2+24\bar{z}_{d1}^2\}+o_p(1)$$
$$=\bar{z}_a^TN\bar{z}_a+(1/2)\bar{z}_b^TN\bar{z}_b+6n_1\bar{z}_{c1}^2+24n_1\bar{z}_{d1}^2+o_p(1)$$

其中，$\bar{z}_a=(\bar{z}_{a0},\bar{z}_{a1},\bar{z}_{a2})^\tau$，$\bar{z}_b=(\bar{z}_{b0},\bar{z}_{b1},\bar{z}_{b2})^\tau$，$N=\mathrm{diag}\{n_0,n_1,n_2\}$。

由条件C4以及在Chen & Li（2009）[12] 中的证明可知：

$$p_n(\hat{\Gamma}) - p_n(\Gamma^*) \leqslant o_p(1) + o_p(n)\sum_{l=1}^{4} t_l^2 = o_p(1)$$

因此有：

$$\begin{aligned} R_{1n} &= pR_{1n} + o_p(1) \\ &= \bar{z}_a^T N \bar{z}_a + (1/2)\,\bar{z}_b^T N \bar{z}_b + 6n_1 \bar{z}_{c1}^2 + 24 n_1 \bar{z}_{d1}^2 + o_p(1) \end{aligned} \tag{3.21}$$

下面讨论第二部分R_{2n}，在原假设成立时：

$$R_{2n} = 2\{\tilde{\ell}_n(\hat{\varphi}) - \tilde{\ell}_n(\varphi^*)\} = pR_{2n} - 2\{2\tilde{p}_n(\hat{\sigma}_1) - 2\tilde{p}_n(\sigma_1^*)\}$$

对惩罚函数部分$2\tilde{p}_n(\hat{\sigma}_1) - 2\tilde{p}_n(\sigma_1^*)$，由$\hat{\sigma}_1 - \sigma_1^* = O_p(n^{-1/2})$以及对惩罚函数所满足的条件C4可得：

$$\tilde{p}_n(\hat{\sigma}_1) - \tilde{p}_n(\sigma_1^*) \leqslant o_p(n^{-1/6})\,(\hat{\sigma}_1 - \sigma_1^*) = o_p(1)$$

因此，忽略$o_p(1)$，$\tilde{\ell}_n(\hat{\varphi}) - \tilde{\ell}_n(\varphi^*)$与$p\tilde{\ell}_n(\hat{\varphi}, 0.5) - p\tilde{\ell}_n(\varphi^*, 0.5)$能够同时达到最大。

这时的对数似然函数仍然可以分为三个子部分：

$$\tilde{\ell}_n(\varphi) = \tilde{\ell}_{0n}(\mu_0, \sigma_0) + \tilde{\ell}_{1n}(\mu_1, \sigma_1) + \tilde{\ell}_{2n}(\mu_2, \sigma_2)$$

其中，对$j = 0, 1, 2$有$\mu_j = \mu_0 + j\beta$，以及

$$\tilde{\ell}_{jn}(\mu_j, \sigma_j) = -n_j \log \sigma_j - \sum_{i=1}^{n} (y_{ji} - \mu_j)^2 / (2\sigma_j^2)$$

与定理2.2的证明相同，分别对$\tilde{\ell}_{jn}(\mu_j, \sigma_j)$进行泰勒展开，然后再合并可以得到：

$$\begin{aligned} R_{2n} &= 2\{\tilde{\ell}_n(\varphi) - \tilde{\ell}_n(\varphi^*)\} \\ &= \bar{z}_a^\tau N A (A^\tau N A)^{-1} A^\tau N \bar{z}_a + (1/2)\,\bar{z}_b^\tau N \bar{z}_b + o_p(1) \end{aligned} \tag{3.22}$$

其中

$$A = \begin{pmatrix} 1 & 0 \\ \sigma_0^*/\sigma_1^* & \sigma_0^*/\sigma_1^* \\ \sigma_0^*/\sigma_2^* & 2\sigma_0^*/\sigma_2^* \end{pmatrix}$$

为3×2的矩阵。

合并（3.21）与（3.22），似然比检验统计量为：

$$\begin{aligned} R_n &= R_{1n} - R_{2n} \\ &= \bar{z}_a^\tau N \bar{z}_a - \bar{z}_a^\tau N A (A^\tau N A)^{-1} A^\tau N \bar{z}_a + 6n_1 \bar{z}_{c1}^2 + 24 n_1 \bar{z}_{d1}^2 + o_p(1) \\ &= \bar{z}_a^\tau N^{1/2}\{I_3 - N^{1/2} A (A^\tau N A)^{-1} A^\tau N^{1/2}\} N^{1/2} \bar{z}_a \\ &\quad + 6n_1 \bar{z}_{c1}^2 + 24 n_1 \bar{z}_{d1}^2 + o_p(1) \end{aligned}$$

因为矩阵$I_3 - N^{1/2}A(A^{\tau}NA)^{-1}A^{\tau}N^{1/2}$为一个幂等阵，且秩为1，而$N^{1/2}\bar{z}_a$渐近服从正态分布$N(0,I_3)$。所以，上式中的第一项有$\chi_1^2$的极限分布。另外，$\sqrt{6n_1}\,\bar{z}_{c1}$，$\sqrt{24n_1}\,\bar{z}_{d1}$也都渐近服从标准正态分布$N(0,1)$。所以，上式中的第二项和第三项也都有$\chi_1^2$的极限分布。又从$\bar{z}_a$，$\bar{z}_{c1}$和$\bar{z}_{d1}$的定义中可知，上面的三项之间都相互独立，因此，似然比统计量R_n的极限分布为：

$$R_n \to \chi_3^2$$

定理3.2中的结论说明LRT统计量具有非常简单且容易使用的极限分布。设Robs为由观测数据计算得到的统计量的取值，则假设检验的P值为：

$$P值 = Pr(\chi_3^2 > Robs)$$

对于印记基因检验问题，当P值小于某个检验水平时，可以推断该基因有印记发生。另外，在这里两个惩罚函数$\tilde{p}_n(\sigma)$与$p(\pi)$不仅仅是为了模型正则化，使参数估计有相合性，同时也可以通过调整常数λ_1与λ_2，使得统计量在有限样本下有更精确的大小。

3.4 数值研究

在本节中，针对异方差情形下修正的似然比统计量，我们做了大量的模拟研究来展示本章方法的特点，并与第2章中等方差情形以及没有辅助信息且异方差的情形的方法[12]做了比较。另外，利用本章的方法同样对与精神分裂症相关的GABRB2基因数据做了分析。在数值研究中，对本章的方法使用的惩罚函数分别为：

$$\tilde{p}_n(\sigma) = -0.25\,(s_{n_1}^2/\sigma^2 + \log(\sigma^2/s_{n_1}^2))$$

和

$$p(\pi) = 1.5\log\{1 - 2|\pi - 0.5|\}$$

在本章的数值研究中记第2章中等方差模型下的方法为“LRT-1”，本章中异方差模型下的方法为“LRT-2”。

3.4.1 模拟研究

在模拟研究中，首先通过在原假设下统计量R_n的Q-Q图来说明定理

3.2中结论的正确性。其次为了说明本章方法的特点以及有效性，我们计算了多组参数设置下假设检验的经验第一类错误以及经验功效，并与第2章中等方差模型的方法以及Chen & Li（2009）[12]中提出的EM-检验方法做了比较。这里的EM-检验方法指的是没有辅助信息且异方差情形下的检验方法。与等方差模型的方法比较显示了在一些情况下异方差模型的优势，而与EM-检验方法的比较显示了辅助信息的优势。为了保证计算结果较为精确，在每组参数设置下，都重复了20 000次来记录检验结果。

图3-1是异方差模型下似然比检验统计量R_n对卡方分布χ_3^2的Q-Q图。在模拟计算中，样本量仍然考虑了$n_j=50,100,200,500$四种情况，其中，$j=0,1,2$。在原假设下，模型中的参数分别设置为$\mu_0=1$，$\beta^P=\beta^M=1$，$\sigma_0=0.2$，$\sigma_{11}=\sigma_{12}=0.3$和$\sigma_2=0.4$。从结果图中可以清楚地看出不同样本量下的Q-Q图都很接近45度直线。这个结果说明χ_3^2是对统计量R_n很好的近似，同时也验证了定理3.2中结论的正确性。

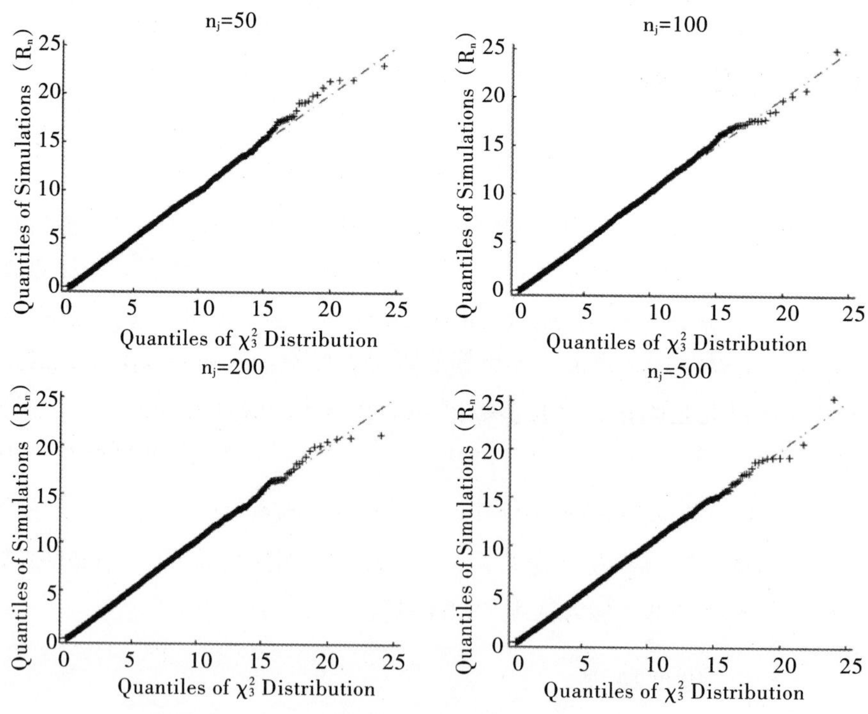

图3-1 似然比统计量R_n对混合卡方分布χ_3^2的Q-Q图

表3-1显示了本章异方差模型下的检验LRT-2以及EM-检验的经验第一类错误。这里利用了作Q-Q图时得到的原假设下检验统计量R_n的数值结果，考虑在0.05和0.01两个检验水平下，分别计算不同样本量下的经验第一类错误。计算结果显示了两种方法的经验第一类错误都很接近检验水平，两种方法都能很好地控制检验的经验第一类错误。

表3-1　　LRT-2与EM-检验两种方法的经验第一类错误

		样本量n_j			
方法	检验水平	50	100	200	500
LRT-2	0.05	0.052	0.055	0.053	0.052
	0.01	0.010	0.012	0.011	0.011
EM-检验	0.05	0.047	0.053	0.055	0.053
	0.01	0.010	0.009	0.011	0.011

图3-2至图3-5显示了LRT-1，LRT-2与EM-检验三种方法的经验功效。仍然考虑样本量$n_j=50,100,200,500$四种情况，检验水平为0.05。从结果可以看出三种方法随着样本量的增大，检验功效都有所增加。若杂合子样本来自异方差的模型且两方差差距较大时，LRT-2的检验功效要比LRT-1的高。由于辅助信息的作用，LRT-2的检验功效比EM-检验的高，辅助信息的作用在这里能够很好地体现出来。

图3-2显示了在完全印记与部分印记下检验功效随参数β^M增大的变化情况。对完全印记，设置参数$\beta^P=0$，$\beta^M=0.1,0.2,0.3,0.4,0.5$；对部分印记，参数设置为$\beta^P=0.5$，$\beta^M=0.6,0.7,0.8,0.9,1$。其余参数设置分别为$\mu_0=1$，$\sigma_0=0.2$，$\sigma_{11}=0.25$，$\sigma_{12}=0.35$，$\sigma_2=0.4$和$\pi=0.3$。从模拟结果可以看出，随着两个效应参数$\beta^P$与$\beta^M$的差距逐渐增大，三种方法的检验功效都会有所增加，也说明印记的证据逐渐增加。同时也可以看到，在参数真值为异方差的情形下，LRT-2的检验功效要比LRT-1的高。因此，本章中异方差的模型更具有一般性。

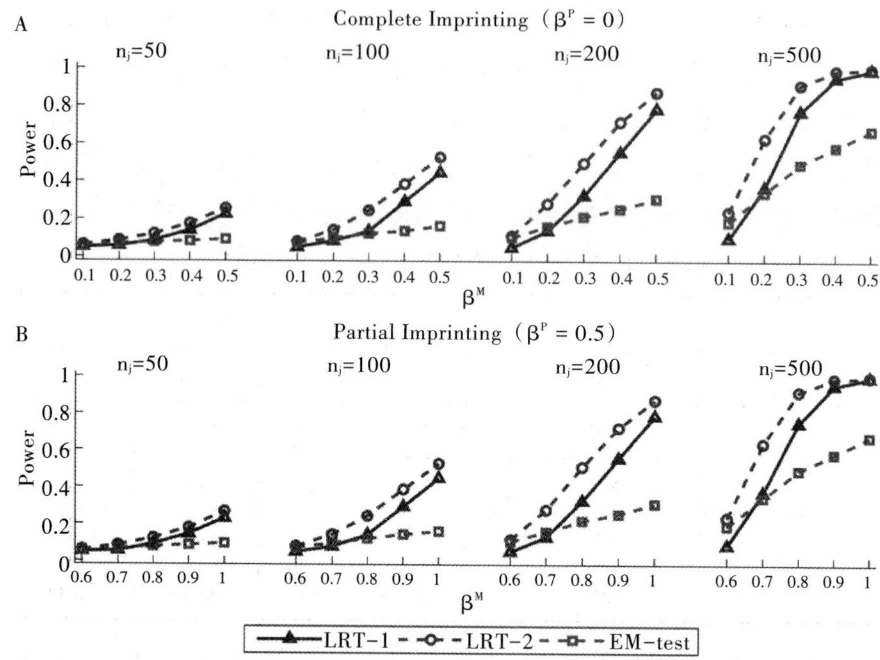

图3-2　完全印记（A）和部分印记（B）下，检验功效随效应差增大的变化图

图3-3显示了在完全印记与部分印记下检验功效随两方差的差距$\Delta=\sigma_{12}-\sigma_{11}$增大的变化情况。在完全印记下，设置参数$\beta^P=0$，$\beta^M=0.3$；在部分印记下，参数设置为$\beta^P=0.5$，$\beta^M=0.8$。$\Delta$的变化为$\Delta=0,0.05,0.1,0.15,0.2$。其余参数设置为$\mu_0=1$，$\sigma_0=0.2$，$\sigma_2=0.4$和$\pi=0.3$。从结果可以看出，当两方差的差距增大时，LRT-2与EM-检验的检验功效都随之增加，而LRT-1的检验功效却逐渐降低。当两方差的差距相等或者差距很小的时候，LRT-1的检验功效要高于LRT-2和EM-检验，而当两方差的差距增大时，LRT-2和EM-检验的检验功效会超过LRT-1。

图3-4显示了在完全印记与部分印记下假设检验的经验功效随混合比例参数π增大的变化情况。在完全印记下，设置参数为$\beta^P=0$，$\beta^M=0.3$；在部分印记下，参数设置为$\beta^P=0.5$，$\beta^M=0.8$。混合比例参数的变化为$\pi=0.1,0.2,0.3,0.4,0.5$。其余的参数分别设置为$\mu_0=1$，$\sigma_0=0.2$，$\sigma_{11}=0.25$，$\sigma_{12}=0.35$，$\sigma_2=0.4$。从结果中可以看出，随着混合比例接近0.5，LRT-1与LRT-2两种方法的检验功效都有所下降，而

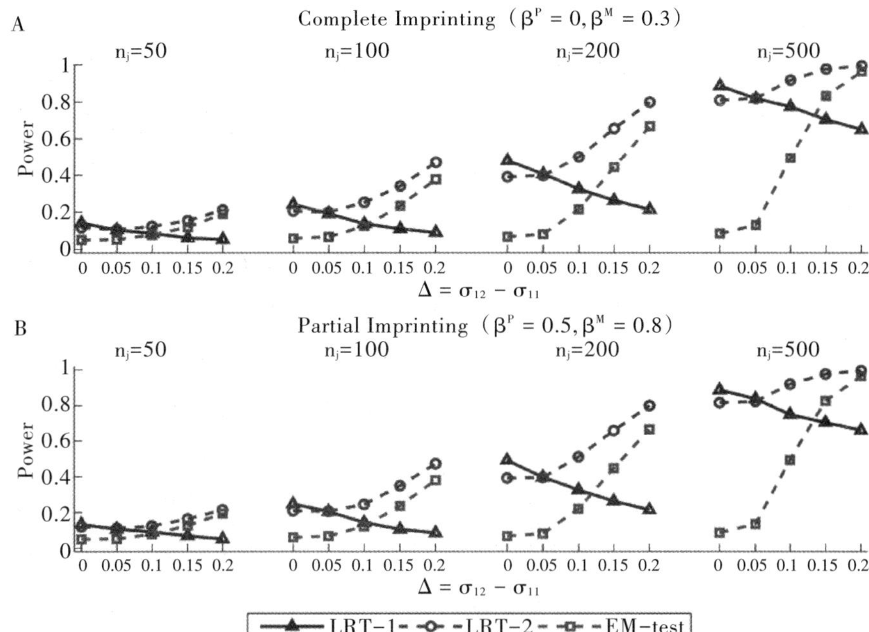

图3-3　完全印记（A）和部分印记（B）下，检验功效随方差差距增大的变化图

EM-检验方法的检验功效会逐渐增加。这里同第2章中有相同的解释，三组子样本合起来的信息主要集中在了

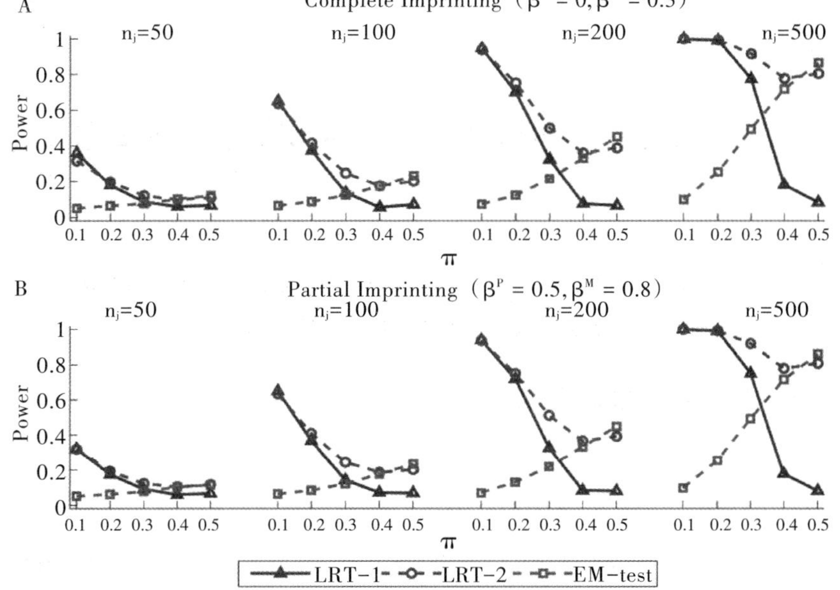

图3-4　完全印记（A）和部分印记（B）下，检验功效随混合比例增大的变化图

$(0.5-\pi)(\beta^M-\beta^P)$

中。当混合比例接近0.5的时候，两组纯合子样本就起不到辅助信息的作用，对参数$\beta^M-\beta^P$没有更多的信息，这时假设检验的功效也就会降低。在这种情况下，LRT-2与EM-检验两种方法的检验功效就会比较接近。

图3-5显示了在等均值且异方差下LRT-1与LRT-2的检验功效比较。两方差的差距变化为$\Delta=0,0.05,0.1,0.15,0.2$。其余参数设置为$\mu_0=1$，$\beta^P=\beta^M=1$，$\sigma_0=0.2$，$\sigma_2=0.4$和$\pi=0.3$。从结果中可以看出，LRT-2比LRT-1的检验功效要高。对方法LRT-1，计算的其实为其经验第一类错误，其数值同表2-3中的结果。可以看到，随着Δ的增加，第一类错误都低于0.05，且逐渐减小。而对方法LRT-2，其检验功效随Δ的增加而逐渐增加。这说明LRT-1方法不能检测均值相等而方差不相等的情况，而LRT-2方法却可以，也说明了异方差的模型更具有一般性。

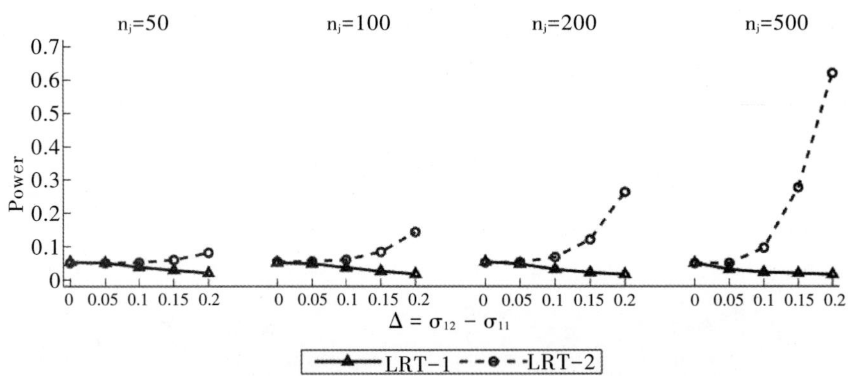

图3-5 均值相等且方差不等情况下，LRT-1与LRT-2两种方法的检验功效随方差差距增大的变化图

3.4.2 实际数据分析

在本节中将把本章的方法LRT-2应用到与精神分裂症相关的GABRB2基因数据中，分析其结果。

这里采用的数据同2.4.2节中的一致，仍然考虑了基因GABRB2与精神分裂症有关联的3个SNP，即S3，S5和S29，以及β_2亚基两个剪接异构体β_{2S}和β_{2L}的表达值，即模型中的连续型性状Y值。针对患病组和对照组，3个SNP，2个剪接异构体，共有12个组合需要分别去做检验。

表3-2给出了LRT-1与LRT-2两种方法的结果，其中较小的P值说明有印记的证据。对印记证据较强的用**（P值小于等于0.05）或*（P值在0.05与0.1之间）来标注。

表3-2　　基于精神分裂症数据的印记基因检验结果

			LRT-1		LRT-2	
剪接异构体	SNP	组	R_n	P	R_n	P
β_{2S}	S3	患病	0.000	0.999	3.033	0.387
		对照	9.085	0.007**	9.278	0.026**
	S5	患病	0.000	1.000	5.175	0.159
		对照	9.085	0.007**	9.278	0.026**
	S29	患病	0.000	0.999	3.575	0.311
		对照	5.812	0.035**	5.341	0.149
β_{2L}	S3	患病	0.000	0.999	8.562	0.036**
		对照	1.755	0.301	2.978	0.395
	S5	患病	0.000	1.000	5.712	0.127
		对照	1.755	0.301	2.998	0.392
	S29	患病	3.940	0.093*	8.705	0.034**
		对照	1.682	0.313	2.359	0.501

结果显示了对大部分情况，LRT-1与LRT-2两种方法的结果较为一致。对β_{2S}，对照组中的印记证据都强于患病组中的。特别对S3，S5两个SNP，两种方法都说明在对照组中有很强的印记证据。对β_{2L}，在对照组中两种方法都说明印记的证据比较弱；在患病组中对S29，两种方法都表明有较强的印记证据。

除了以上较为一致的结论，两种方法在个别情况下也有明显的差异。对β_{2S}，在患病组中方法LRT-2相对LRT-1的P值减小很多，印记的证据有所提高。对β_{2L}，在患病组中对S3，S5两个SNP，方法LRT-2相对LRT-1的P值也减小很多。特别对S3，方法LRT-2说明有很强的印记证据。因此，可以认为这些差异可能是由于真实情况的均值差别不大，而方差的差别很大导致的。进一步的结论还需要生物学家加以研究和证实。

3.5 小结

在本章中，考虑了异方差情况下带有辅助信息的混合模型。仍然根据印记基因的特点建立模型，纯合子样本的两个等位基因相同，故假设其表达值服从正态分布，并且作为辅助信息，而对杂合子样本的表达值假定符合一个两成分的异方差的混合正态模型。

异方差的假定更符合实际情况，也更有一般性。然而对异方差的混合正态模型，有似然函数无界等不好的性质，这对于统计理论的建立有一定的阻碍。本章通过对方差参数加惩罚来使惩罚似然函数有界，并通过对混合比例参数加惩罚使得基于惩罚似然函数的PMLE仍然有相合性，并且推导出了似然比检验统计量有χ_3^2的极限分布。通过模拟研究和实际数据分析，说明了理论研究的正确性，体现了异方差模型下似然比检验的特点，也说明了在印记基因检验中，本章的方法考虑更加全面。异方差的模型相比第2章中等方差的假定考虑更全面，本章的方法可以检验均值相等而方差不等的情况，且对均值、方差都不等的情况，本章方法比第2章等方差假定的方法检验的功效要高。

对本章异方差的混合模型，两组纯合子样本仅对模型中均值参数有辅助信息，而没有对方差参数有更多的信息，因此需要对混合比例也考虑惩罚函数才能使得参数的估计具有相合性。为了使得混合模型有更好的理论性质以及相应的假设检验有更好的检验效果，需要有更多的辅助信息来帮助。在第5章中，我们将讨论核心家庭数据中的混合模型，其中父母的信息就可以为方差参数提供充足的信息。

4 带有辅助信息的混合模型中的EM-检验

本章考虑带有辅助信息的混合模型中的EM-检验方法。第2、3章的模型告诉我们辅助信息对混合模型的推断有一定的帮助，而EM-检验也是研究混合模型的一种有效的方法。本章的主要思想是将辅助信息以及EM-检验方法结合起来，提出新的EM-检验统计量，并对新的EM-检验统计量能够推导出简单且实用的极限分布。

4.1 EM-检验介绍

在有限混合模型中，一个非常值得关心的问题是观测样本是来自一个总体，还是多个总体的混合。EM-检验是在有限混合模型中基于EM算法提出的一种检验方法。在Li Chen & Marriott （2009）[41] 中讨论了在没有讨厌参数下，有限混合模型的EM-检验。在Chen & Li （2009）[12] 中又详细讨论了在方差未知的两成分混合正态模型下，等方差与异方差两种情形下的EM-检验。

对混合密度函数

$$f(y,\Psi)=\int f(y;\theta)d\Psi(\theta)=\pi f(y;\theta_1)+(1-\pi)f(y;\theta_2) \tag{4.1}$$

其中，$f(y;\theta)$为单成分密度函数，$\Psi(\theta)$为一个两点分布的分布函数：

$$\Psi(\theta)=\pi I(\theta_1\leqslant\theta)+(1-\pi)I(\theta_2\leqslant\theta)$$

$0\leqslant\pi\leqslant1$为混合比例。设$Y_1,Y_2,\cdots,Y_n$为服从混合密度函数（4.1）的随机样本，则对数似然函数为：

$$\ell_n(\pi,\theta_1,\theta_2)=\sum_{i=1}^{n}\log\{\pi f(Y_i;\theta_1)+(1-\pi)f(Y_i;\theta_2)\}$$

在以上混合模型中，我们关心的一个检验问题为：

$$H_0:\pi(1-\pi)(\theta_1-\theta_2)=0 \quad \text{vs} \quad H_0:\pi(1-\pi)(\theta_1-\theta_2)\neq0 \tag{4.2}$$

显然，参数满足$\pi=0$，$\pi=1$与$\theta_1=\theta_2$这三种情况都能导致原假设的成立，这导致了模型在原假设下不满足正则条件，参数π，θ_1，θ_2之间将不能互相被识别。因此，考虑对混合比例参数π加一个惩罚函数$p(\pi)$，使得参数π的估计远离0和1。选择的惩罚函数$p(\pi)$需要满足第3章中的条件C3。

有了惩罚函数，惩罚对数似然函数为：

$$p\ell_n(\pi,\theta_1,\theta_2)=\ell_n(\pi,\theta_1,\theta_2)+p(\pi)$$

基于惩罚似然函数的PMLE仍然可以通过EM算法来计算。下面将基于EM算法的迭代过程为检验问题（4.2）构造EM－检验统计量。

首先，对一般基于惩罚似然函数，修正的似然比统计量为：

$$M_n=2\{p\ell_n(\hat{\pi},\hat{\theta}_1,\hat{\theta}_2)-p\ell_n(0.5,\tilde{\theta}_0,\tilde{\theta}_0)\}$$

其中，$\hat{\pi}$，$\hat{\theta}_1$与$\hat{\theta}_2$为使得惩罚对数似然$p\ell_n(\pi,\theta_1,\theta_2)$最大的估计，而$\tilde{\theta}_0$为使得$p\ell_n(0.5,\theta_0,\theta_0)$最大的估计。然而统计量$M_n$的极限分布不容易计算，也不一定有简单的形式。

其次，当固定混合比例$\pi=\pi_0\in(0,0.5]$时，再考虑惩罚似然比统计量

$$M_n(\pi_0)=2\{p\ell_n(\pi_0,\hat{\theta}_1,\hat{\theta}_2)-p\ell_n(\pi_0,\tilde{\theta}_0,\tilde{\theta}_0)\}$$

其中，$\hat{\theta}_1$与$\hat{\theta}_2$为使得惩罚对数似然$p\ell_n(\pi_0,\theta_1,\theta_2)$最大的估计，$\tilde{\theta}_0$为使得$p\ell_n(\pi_0,\theta_0,\theta_0)=p\ell_n(0.5,\theta_0,\theta_0)$最大的估计。很显然，统计量$M_n(\pi_0)$与$M_n$

相比有一些不足，即$M_n(\pi_0) \leq M_n$。当参数的真值$\pi \neq \pi_0$时，$M_n(\pi_0)$的检验功效显然不如M_n的高。但是，$M_n(\pi_0)$的极限分布是简单易求的。

EM-检验统计量就是要选取多个π_0，在$M_n(\pi_0)$的基础上，利用EM算法的迭代公式来得到比$M_n(\pi_0)$大的统计量，目的是使得构造的统计量既能更接近于M_n，在理论上又能有像$M_n(\pi_0)$一样有简单、易推导的极限分布。具体的构造过程如下：

第一步，选取L个π的初始值，$\pi_l \in (0, 0.5]$，$l = 1, 2, \cdots, L$。选取一个正整数K。令$l = 1$，$k = 0$，计算

$$\tilde{\theta}_0 = \arg\max_{\theta_0} p\ell_n(0.5, \theta_0, \theta_0)$$

第二步，令$\pi_l^{(k)} = \pi_l$，并计算

$$(\theta_{l1}^{(k)}, \theta_{l2}^{(k)}) = \arg\max_{(\theta_1, \theta_2)} p\ell_n(\pi_l^{(k)}, \theta_1, \theta_2)$$

以及

$$M_n^{(k)}(\pi_l) = 2\{p\ell_n(\pi_l^{(k)}, \theta_{l1}^{(k)}, \theta_{l2}^{(k)}) - p\ell_n(0.5, \tilde{\theta}_0, \tilde{\theta}_0)\}$$

第三步，将$(\pi_l^{(k)}, \theta_{l1}^{(k)}, \theta_{l2}^{(k)})$作为参数的初值，利用EM算法迭代更新参数的值。对$i = 1, 2, \cdots, n$，分别计算EM算法E-步中潜在变量的条件期望：

$$\gamma_{il}^{(k)} = \frac{\pi_l^{(k)} f(Y_i; \theta_{l1}^{(k)})}{\pi_l^{(k)} f(Y_i; \theta_{l1}^{(k)}) + (1 - \pi_l^{(k)}) f(Y_i; \theta_{l2}^{(k)})}$$

再计算M-步中参数的更新：

$$\pi_l^{(k+1)} = \arg\max_{\pi} \{\sum_{i=1}^{n} \gamma_{il}^{(k)} \log \pi + (n - \sum_{i=1}^{n} \gamma_{il}^{(k)}) \log(1 - \pi) + p(\pi)\}$$

$$\theta_{l1}^{(k+1)} = \arg\max_{\theta_1} \{\sum_{i=1}^{n} \gamma_{il}^{(k)} \log f(Y_i; \theta_1)\}$$

$$\theta_{l2}^{(k+1)} = \arg\max_{\theta_2} \{\sum_{i=1}^{n} (1 - \gamma_{il}^{(k)}) \log f(Y_i; \theta_2)\}$$

再计算

$$M_n^{(k+1)}(\pi_l) = 2\{p\ell_n(\pi_l^{(k+1)}, \theta_{l1}^{(k+1)}, \theta_{l2}^{(k+1)}) - p\ell_n(0.5, \tilde{\theta}_0, \tilde{\theta}_0)\}$$

第四步，令$k = k + 1$，重复第三步和第四步直到$k = K$，得到

$$M_n^{(K)}(\pi_l) = 2\{p\ell_n(\pi_l^{(K)}, \theta_{l1}^{(K)}, \theta_{l2}^{(K)}) - p\ell_n(0.5, \tilde{\theta}_0, \tilde{\theta}_0)\}$$

第五步，令$l = l + 1$，$k = 0$，重复第二步到第五步，直到$l = L$，得到

L个统计量$M_n^{(K)}(\pi_1), M_n^{(K)}(\pi_2), \cdots, M_n^{(K)}(\pi_L)$。

第六步，计算EM－检验统计量：

$$EM_n^{(K)} = \{M_n^{(K)}(\pi_l), l = 1, 2, \cdots, L\}$$

从以上EM－检验统计量的构造过程可以看出，当迭代次数$K \to \infty$时，统计量$EM_n^{(K)} \to M_n$，这时的统计量的极限分布不容易得到。而对有限迭代次数K，可以得到$EM_n^{(K)}$有较简单的极限分布。对混合比例，L个不同的初值能够使得统计量$EM_n^{(K)}$尽可能与M_n接近。在大量计算实践中发现，常数K和L都不需要取太大，就可以得到较好的检验效果。通常取$K = 2, 3$，混合比例π的初值常取$\{0.1, 0.3, 0.5\}$或$\{0.1, 0.2, 0.3, 0.4, 0.5\}$即可。

另外，在构造EM－检验统计量的前两步中需要求两个优化问题，第一步中的优化问题是简单的，这相当于求一个单一成分模型中参数的极大似然估计；而第二步中的优化问题是求在固定混合比例下混合模型中参数的极大似然估计，这里仍然需要用一个EM算法来迭代计算。第二步也是整个EM－检验统计量构造中最关键的一步，也是最费时间的一步。这一步相当于找到了一个较好的初值，这样才能使得最终的统计量与M_n尽可能地接近。

对检验问题（4.2），下面的定理给出了EM检验统计量在原假设下的极限分布：

定理4.1 设$Y_1, Y_2, \cdots, Y_n$为来自混合分布（4.1）的随机样本。惩罚函数$p(\pi)$满足条件C3。在EM－检验统计量构造中，选取0.5作为其中一个混合比例的初值。在原假设成立下，对固定的常数K，当样本量$n \to \infty$时，有：

$$EM_n^{(K)} \to 0.5\chi_0^2 + 0.5\chi_1^2 \tag{4.3}$$

由定理4.1可知EM检验统计量在原假设下的极限分布为一个混合卡方分布，定理的成立需要密度函数$f(y;\theta)$满足一些基本的条件，具体条件以及详细证明参见Li Chen & Marriott（2009）[12]。证明的主要思想是将统计量$EM_n^{(K)}$拆成两部分，一部分为对数似然的差，另一部分为惩罚函数的差。在原假设成立时，对不同的混合比例π，$EM_n^{(K)}$对第一部分是相同的，而使得$p\ell_n(\pi,\theta_0,\theta_0)$最大的$\pi$为0.5。所以，在EM-检验统计量的构建中，选取0.5作为一个初值可以使得统计量有较简单的极限分布。

定理4.1只是针对成分分布为单参数分布时给出了相应的结论。对有限混合正态模型，定理4.1的结论只适用于方差已知的混合正态模型。在Chen & Li（2009）[12]中针对方差未知的有限混合正态模型，也提出了相应的EM-检验。

对等方差的情形，考虑随机样本$Y_1,Y_2,\cdots,Y_n$来自混合正态模型

$$\pi N(\theta_1,\sigma)+(1-\pi)N(\theta_2,\sigma) \tag{4.4}$$

对数似然函数为：

$$\ell_n(\pi,\theta_1,\theta_2,\sigma)=\sum_{i=1}^{n}\log\{\pi\phi(Y_i;\theta_1,\sigma)+(1-\pi)\phi(Y_i;\theta_2,\sigma)\}$$

考虑对方差的惩罚函数$\tilde{p}_n(\sigma)$以及对混合比例的惩罚函数$p(\pi)$，惩罚对数似然函数为：

$$p\ell_n(\pi,\theta_1,\theta_2,\sigma)=\ell_n(\pi,\theta_1,\theta_2,\sigma)+\tilde{p}_n(\sigma)+p(\pi)$$

这里的惩罚函数同样需要满足第3章中的条件C1，C2，C3以及下面的条件C5：

C5. 对任意的$\sigma>0$，都有$\tilde{p}'_n(\sigma)=o_p(n^{1/4})$。

此时，我们所关心的检验问题仍然为：

$$H_0:\pi(1-\pi)(\theta_1-\theta_2)=0 \quad \text{vs} \quad H_0:\pi(1-\pi)(\theta_1-\theta_2)\neq 0$$

对该检验问题，基于惩罚对数似然函数构造的EM-检验统计量$EM_n^{(K)}$有下面定理中的极限分布：

定理4.2 设$Y_1,Y_2,\cdots,Y_n$为来自混合分布（4.4）的随机样本。惩罚函数$\tilde{p}_n(\sigma)$满足条件C1，C2和C5，惩罚函数$p(\pi)$满足条件C3。在EM-检验统计量构造中，选取0.5作为其中一个混合比例的初值。在原假设成立下，对固定的常数K，当$n\to\infty$时，有：

$$\Pr(EM_n^{(K)}\leqslant y)\to F(y-\Delta)\{0.5+0.5F(y)\} \tag{4.5}$$

其中，$F(y)$为χ_1^2的分布函数，常数

$$\Delta=2\max_{\pi_j\neq 0.5}\{p(\pi_j)-p(0.5)\}$$

定理4.2的结论告诉我们，EM-检验统计量的极限分布与随机变量$\max\{U_1+\Delta U_2\}$是同分布的，其中$U_1\sim\chi_1^2$，$U_2\sim 0.5\chi_0^2+0.5\chi_1^2$，且$U_1$与$U_2$相互独立。事实上，当固定的混合比例$\pi\neq 0.5$时，有$M_n^{(K)}(\pi)-2\{p(\pi)-p(0.5)\}\rightarrow\chi_1^2$；而当固定的混合比例$\pi=0.5$时，有$M_n^{(K)}(0.5)\rightarrow 0.5\chi_0^2+0.5\chi_1^2$。综合这两点，再由EM迭代使得惩罚对数似然增大的性质能够最终得出$EM_n^{(K)}$的极限分布。详细的定理证明参见Chen & Li（2009）[12]。

对异方差的情形，考虑随机样本$Y_1,Y_2,\cdots,Y_n$来自混合正态模型

$$\pi N(\theta_1,\sigma_1)+(1-\pi)N(\theta_2,\sigma_2) \tag{4.6}$$

对数似然函数为：

$$\ell_n(\pi,\theta_1,\theta_2,\sigma_1,\sigma_2)=\sum_{i=1}^{n}\log\{\pi\phi(Y_i;\theta_1,\sigma_1)+(1-\pi)\phi(Y_i;\theta_2,\sigma_2)\}$$

考虑对方差的惩罚函数$\tilde{p}_n(\sigma)$以及对混合比例的惩罚函数$p(\pi)$，惩罚对数似然函数为：

$$p\ell_n(\pi,\theta_1,\theta_2,\sigma_1,\sigma_2)=\ell_n(\pi,\theta_1,\theta_2,\sigma_1,\sigma_2)+\tilde{p}_n(\sigma_1)+\tilde{p}_n(\sigma_2)+p(\pi)$$

这里的惩罚函数$\tilde{p}_n(\sigma)$和$p(\pi)$需要满足第3章中的假设条件C1，C2，C3，C4。

对异方差的混合正态模型，我们所关心的检验问题为：

$$H_0:\pi(1-\pi)=0\text{或}(\theta_1,\sigma_1)=(\theta_2,\sigma_2)$$

对该检验问题，基于惩罚对数似然函数构造的EM-检验统计量$EM_n^{(K)}$有下面定理中的极限分布：

定理4.3 设$Y_1,Y_2,\cdots,Y_n$为来自混合分布（4.6）的随机样本。惩罚函数$\tilde{p}_n(\sigma)$满足条件C1，C2和C4，惩罚函数$p(\pi)$满足条件C3。在EM-检验统计量构造中，选取0.5作为其中一个混合比例的初值。在原假设成立下，对固定的常数K，当$n\rightarrow\infty$时，有：

$$EM_n^{(K)}\rightarrow\chi_2^2 \tag{4.7}$$

定理4.3的详细证明参见Chen & Li（2009）[10]。以上的定理4.1，定理4.2，定理4.3的结论说明EM-检验统计量有非常简单且易使用的极限分布，为有限混合模型中的假设检验问题带来了很多方便。除此之

外，EM-检验方法在很多模型中还有应用，例如，Shen & He (2015)[61]研究了logistic正态混合模型下的EM-检验，Li & Chen (2016)[43]研究了伽马混合分布下的EM-检验，等等。

4.2 带有辅助信息且等方差模型的EM-检验

本节考虑有辅助信息时，等方差的混合正态模型下的EM-检验。对印记基因检验，在第2章的模型（2.1）中，纯合子样本作为辅助信息，给杂合子服从的混合模型的推断带来了方便。设 $y_{01},y_{02},\cdots,y_{0n_0}$；$y_{11},y_{12},\cdots,y_{1n_1}$；$y_{21},y_{22},\cdots,y_{2n_2}$ 为来自模型（2.1）的三组子样本，沿用第2章中的记号，设参数为 $\theta=(\mu_0,\beta^P,\beta^M,\sigma_0^2,\sigma_1^2,\sigma_2^2)^\tau$，则对数似然函数为：

$$\begin{aligned}\ell_n(\theta,\pi) &= \sum_{i=1}^{n_0}\log\phi(y_{0i};\mu_0,\sigma_0^2)+\sum_{i=1}^{n_2}\log\phi(y_{2i};\mu_2,\sigma_2^2)\\&\quad+\sum_{i=1}^{n_1}\log\{\pi\phi(y_{1i};\mu_{11},\sigma_1^2)+(1-\pi)\phi(y_{1i};\mu_{12},\sigma_1^2)\}\\&=\ell_{0n}(\mu_0,\sigma_0)+\ell_{2n}(\mu_2,\sigma_2)+\ell_{1n}(\Psi,\sigma_1)\end{aligned}$$

为了使EM-检验能够在样本量不是很大时也能够较好地控制第一类错误，可以通过对混合比例 π 以及方差 σ_1 加惩罚来实现。惩罚函数 $p(\pi)$ 和 $\tilde{p}_n(\sigma)$ 类似于Chen & Li（2009）[10]中所介绍的，分别满足条件C1，C2，C3和C5。惩罚对数似然函数为：

$$p\ell_n(\theta,\pi)=\ell_n(\theta,\pi)+\tilde{p}_n(\sigma_1)+p(\pi)$$

在本节中，我们关心的检验问题同2.3节中的一样：

$$H_0:\beta^P=\beta^M \quad \text{vs} \quad \beta^P\neq\beta^M \tag{4.8}$$

这个检验问题与（4.2）有所不同，原假设不包括 $\pi=0$ 或 $\pi=1$ 这两种情况。这是因为模型中有纯合子的辅助信息而致。在原假设成立时的惩罚对数似然函数为：

$$p\tilde{\ell}_n(\varphi,\pi)=\sum_{i=1}^{n}\log\phi(y_i;\mu_0+x_i\beta,\sigma_{x_i}^2)+\tilde{p}_n(\sigma_1)+p(\pi)$$

基于惩罚对数似然函数以及假设检验问题（4.8），EM-检验统计量的构建如下：

第一步，选取L个π的初始值，$\pi_l \in (0, 0.5]$，$l = 1, 2, \cdots, L$。选取一个正整数K。令$l = 1$，$k = 0$，计算

$$\hat{\varphi} = \arg\max_{\varphi} p\tilde{\ell}_n(\varphi, 0.5)$$

第二步，令$\pi_l^{(k)} = \pi_l$，并计算

$$\theta_l^{(k)} = \arg\max_{\theta} p\ell_n(\theta, \pi_l^{(k)})$$

以及

$$M_n^{(k)}(\pi_l) = 2\{p\ell_n(\theta_l^{(k)}, \pi_l^{(k)}) - p\ell_n(\hat{\varphi}, 0.5)\}$$

第三步，将$(\theta_l^{(k)}, \pi_l^{(k)})$作为参数的初值，利用EM算法迭代更新参数的值。对$i = 1, 2, \cdots, n$，分别计算EM算法E－步中潜在变量的条件期望

$$\gamma_{il}^{(k)} = \frac{\pi_l^{(k)}\phi(y_{1i}; \mu_{1l1}^{(k)}, (\sigma_{1l}^2)^{(k)})}{\pi_l^{(k)}\phi(y_{1i}; \mu_{1l1}^{(k)}, (\sigma_{1l}^2)^{(k)}) + (1 - \pi_l^{(k)})\phi(y_{1i}; \mu_{1l2}^{(k)}, (\sigma_{1l}^2)^{(k)})}$$

再计算M－步中参数的更新：

$$\pi_l^{(k+1)} = \arg\max_{\pi}\{\sum_{i=1}^{n_1}\gamma_{il}^{(k)}\log\pi + (n_1 - \sum_{i=1}^{n_1}\gamma_{il}^{(k)})\log(1 - \pi) + p(\pi)\}$$

$$\begin{aligned}\theta_l^{(k+1)} = \arg\max_{\theta}\{&\sum_{i=1}^{n_0}\log\phi(y_{0i}; \mu_0, \sigma_0^2) + \sum_{i=1}^{n_2}\log\phi(y_{2i}; \mu_2, \sigma_2^2) \\ &+ \sum_{i=1}^{n_1}\gamma_{li}^{(k)}\log\phi(y_{1i}; \mu_{11}, \sigma_1^2) + \sum_{i=1}^{n_1}(1 - \gamma_{li}^{(k)})\log\phi(y_{1i}; \mu_{12}, \sigma_1^2) \\ &+ \tilde{p}_n(\sigma_1)\}\end{aligned}$$

以及

$$M_n^{(k+1)}(\pi_l) = 2\{p\ell_n(\theta_l^{(k+1)}, \pi_l^{(k+1)}) - p\ell_n(\hat{\varphi}, 0.5)\}$$

第四步，令$k = k + 1$，重复第三步和第四步直到$k = K$，得到：

$$M_n^{(K)}(\pi_l) = 2\{p\ell_n(\theta_l^{(K)}, \pi_l^{(K)}) - p\ell_n(\hat{\varphi}, 0.5)\}$$

第五步，令$l = l + 1$，$k = 0$，重复第二步到第五步，直到$l = L$，得到L个统计量$M_n^{(K)}(\pi_1), M_n^{(K)}(\pi_2), \cdots, M_n^{(K)}(\pi_L)$。

第六步，计算EM－检验统计量：

$$EM_n^{(K)} = \{M_n^{(K)}(\pi_l), l = 1, 2, \cdots, L\}$$

在统计量$EM_n^{(K)}$的构造中，由于有两组纯合子的辅助信息，模型不存在非正则性的问题。因此，惩罚函数$p(\pi)$与$\tilde{p}_n(\sigma)$仅仅是为了调节

优先样本量下的检验第一类错误而考虑的。在两成分的混合模型中，$\pi=0.5$是一个比较特殊的值，这时两个成分中的参数有平等的地位，对似然比统计量极限分布的研究也会有一定的影响。因此，为了使EM－检验方法有好的性能，在EM－检验统计量的构造中，π选取的初值通常要包括0.5。在有辅助信息的模型中，当$\pi=0.5$时，两组纯合子样本与杂合子样本对均值参数提供同样的信息，因此统计量极限分布的自由度会有所降低。在构建EM－检验统计量时，要对$\pi=0.5$加以特殊考虑。令$\pi_1=0.5$，这里将主要考虑统计量

$$EM_n^{(K)}=\{M_n^{(0)}(0.5),M_n^{(K)}(\pi_2),\cdots,M_n^{(K)}(\pi_1)\}$$

其中，K为有限正整数，也就是在初值选取$\pi=0.5$时，不进行迭代。

由定理2.2的证明可知，当混合比例$\pi\neq0.5$时，$\mu_{11}^{(K)}$与$\mu_{12}^{(K)}$的收敛速度为$O_p(n^{-1/2})$，进而容易推导出统计量$M_n^{(K)}(\pi)$的极限分布为χ_1^2。当$\pi=0.5$时，参数μ_2与$\pi\mu_{11}+(1-\pi)\mu_{12}$提供同样的信息，因此统计量的极限分布较定理2.2中的极限分布$0.5\chi_1^2+0.5\chi_2^2$会减少一个自由度，可以推导出$M_n^{(0)}(0.5)$的极限分布为$0.5\chi_0^2+0.5\chi_1^2$。两种情况结合起来能够得到下面定理中在模型（2.1）下EM－检验统计量$EM_n^{(K)}$的极限分布：

定理4.4 设$y_{01},y_{02},\cdots,y_{0n_0}$；$y_{11},y_{12},\cdots,y_{1n_1}$；$y_{21},y_{22},\cdots,y_{2n_2}$为来自模型（2.1）的三组子样本。惩罚函数$\tilde{p}_n(\sigma)$满足条件C1，C2和C5，惩罚函数$p(\pi)$满足条件C3。在EM－检验统计量的构造中，选取0.5作为其中一个混合比例的初值。假定样本量$n=n_0+n_1+n_2\to\infty$，且$n_j/n\to\rho_j>0$，$j=0,1,2$。在原假设成立下，对固定的常数K，有：

$$EM_n^{(K)^L}\to\max\{U_1+\Delta,U_2\} \tag{4.9}$$

其中，$U_1\sim\chi_1^2$，$U_2\sim0.5\chi_0^2+0.5\chi_1^2$，且$U_1$与$U_2$相互独立，常数

$$\Delta=2\max_{\pi_j\neq0.5}\{p(\pi_j)-p(0.5)\}$$

证明 记θ^*为参数θ的真值。因为EM算法的迭代公式可以使惩罚似然函数逐步增大，因此对$\pi_1^{(0)}=\pi_1\in(0,0.5]$，由EM－检验统计量的构造可知：

$$p\ell_n(\theta_1^{(K)},\pi_1^{(K)})\geqslant p\ell_n(\theta_1^{(0)},\pi_1^{(0)})\geqslant p\ell_n(\theta^*,\pi_1)$$

进而有：

$$p\ell_n(\theta_1^{(K)},\pi_1^{(K)}) - p\ell_n(\theta^*,\pi_1) \geqslant 0$$

由定理2.1中参数MLE相合性的证明可知，$\theta_1^{(K)} \to \theta^*$，否则

$$p\ell_n(\theta_1^{(K)},\pi_1^{(K)}) - p\ell_n(\theta^*,\pi_1) \to -\infty$$

简记EM迭代得到的最终参数为 $\theta_1^{(K)}=(\mu_0,\beta^P,\beta^M,\sigma_0^2,\sigma_1^2,\sigma_2^2)^\tau$，$\pi_1^{(K)}=\pi$。令 $\mu_{11}=\mu_0+\beta^P$，$\mu_{12}=\mu_0+\beta^M$，$\mu_2=\mu_0+\beta^P+\beta^M$，其他的记号，例如$\bar{\mu}_0$，$\bar{\mu}_{11}$，$\bar{\mu}_{12}$，$\bar{\mu}_2$，$\bar{\sigma}_0$，$\bar{\sigma}_1$，$\bar{\sigma}_2$以及$a_i$，$b_i$，$c_i$，$d_i$，$s_1$，$s_2$，$s_3$，$s_4$等也都同定理2.2证明中定义的一致，并且根据参数$\theta_1^{(K)}$的相合性，结合定理2.2证明中三组子样本对数似然函数的展开式可以得到：

$$\begin{aligned}
0 &\leqslant p\ell_n(\theta_1^{(K)},\pi_1^{(K)}) - p\ell_n(\theta^*,\pi_1) \\
&\leqslant n_0\{(\bar{z}_{a0}\bar{\mu}_0+\bar{z}_{b0}\bar{\sigma}_0)-(\bar{\mu}_0^2+2\bar{\sigma}_0^2)/2\}+n_0 o_p(\bar{\mu}_0^2+\bar{\sigma}_0^2) \\
&\quad +n_2\{(\bar{z}_{a2}\bar{\mu}_2+\bar{z}_{b2}\bar{\sigma}_2)-(\bar{\mu}_2^2+2\bar{\sigma}_2^2)/2\}+n_2 o_p(\bar{\mu}_2^2+\bar{\sigma}_2^2) \\
&\quad +n_1\{\bar{z}_{a1}s_1+\bar{z}_{b1}s_2+\bar{z}_{c1}s_3+\bar{z}_{d1}s_4\} \\
&\quad -(n_1/2)\{s_1^2+2s_2^2+s_3^2/6+s_4^2/24\}\{1+o_p(1)\}+o_p(1) \\
&\quad +\tilde{p}_n(\sigma_1)-\tilde{p}_n(\sigma_1^*)+p(\pi)-p(\pi_1)
\end{aligned} \tag{4.10}$$

又由Chen & Li（2009）[10]中的证明可知，上式中的惩罚函数项部分$\tilde{p}_n(\sigma_1)-\tilde{p}_n(\sigma_1^*)+p(\pi)-p(\pi_1)$可以被忽略。

同定理2.2中的记号一样，由中心极限定理可知$(\bar{z}_{aj},\bar{z}_{bj},\bar{z}_{cj},\bar{z}_{dj})$有渐近正态分布并且收敛速度为$O_p(n^{-1/2})$，由（4.10）式可以断定：

$$(\bar{\mu}_0,\bar{\mu}_2,\bar{\sigma}_0,\bar{\sigma}_2,s_1,s_2,s_3,s_4)=O_p(n^{-1/2})$$

若不然，例如$\bar{\mu}_0 \neq O_p(n^{-1/2})$，取$\bar{\mu}_0=O_p(n^{-1/4})$，则有：

$$n_0\bar{z}_{a0}\bar{\mu}_0-(n_0/2)\bar{\mu}_0^2=n_0[O_p(n^{-3/4})-O_p(n^{-1/2})]\to-\infty$$

而对于（4.10）式中其他项都是有界的，例如：

$$n_1 s_1\bar{z}_{a1}-(n_1/2)s_1^2\{1+o_p(1)\}\leqslant(n_1/2)\bar{z}_{a1}^2\{1+o_p(1)\}=o_p(1)$$

由于$\bar{\mu}_0=O_p(n^{-1/2})$，$\bar{\mu}_2=O_p(n^{-1/2})$，可得：

$$\sigma_1^*(\bar{\mu}_{11}+\bar{\mu}_{12})=\sigma_0^*\bar{\mu}_0+\sigma_2^*\bar{\mu}_2=O_p(n^{-1/2})$$

因此有：

$$\bar{\mu}_{11}+\bar{\mu}_{12}=O_p(n^{-1/2})$$

又由

$$s_1=m_1=(2\pi-1)\bar{\mu}_{11}+(1-\pi)(\bar{\mu}_{11}+\bar{\mu}_{12})=O_p(n^{-1/2})$$

可以得到：

$$(2\pi-1)\bar{\mu}_{11}=O_p(n^{-1/2})$$

根据Chen & Li （2009）[10] 中的证明，可知$\pi-\pi_1=o_p(1)$。因此，对任意的$K\geqslant 0$，当$\pi_1\neq 0.5$时，有：

$$\bar{\mu}_{11}=O_p(n^{-1/2}),\quad \bar{\mu}_{12}=O_p(n^{-1/2})$$

进而有：

$$m_2=\pi\bar{\mu}_{11}^2+(1-\pi)\bar{\mu}_{12}^2=o_p(n^{-1/2})$$
$$m_3=\pi\bar{\mu}_{11}^3+(1-\pi)\bar{\mu}_{12}^3=o_p(n^{-1/2})$$
$$m_4=\pi\bar{\mu}_{11}^4+(1-\pi)\bar{\mu}_{12}^4=o_p(n^{-1/2})$$

所以有：

$$s_1=\pi\bar{\mu}_{11}+(1-\pi)\bar{\mu}_{12}=\pi_1\bar{\mu}_{11}+(1-\pi_1)\bar{\mu}_{12}+o_p(n^{-1/2})$$
$$s_2=\{m_2+(\sigma_1/\sigma_1^*)^2-1\}/2=(\bar{\sigma}_1{}^2+2\bar{\sigma}_1)/2+o_p(n^{-1/2})=\bar{\sigma}_1+o_p(\bar{\sigma}_1)+o_p(n^{-1/2})$$
$$s_3=m_3=o_p(n^{-1/2})$$
$$s_4=m_4-3m_2^2=o_p(n^{-1/2})$$

则（4.10）式可变为：

$$\begin{aligned}&p\ell_n(\theta_1^{(K)},\pi_1^{(K)})-pl_n(\theta^*,\pi_1)\\ \leqslant\ & n_0\{(\bar{z}_{a0}\bar{\mu}_0+\bar{z}_{b0}\bar{\sigma}_0)-(\bar{\mu}_0^2+2\bar{\sigma}_0^2)/2\}+n_0o_p(\bar{\mu}_0^2+\bar{\sigma}_0^2)\\ &+n_2\{(\bar{z}_{a2}\bar{\mu}_2+\bar{z}_{b2}\bar{\sigma}_2)-(\bar{\mu}_2^2+2\bar{\sigma}_2^2)/2\}+n_2o_p(\bar{\mu}_2^2+\bar{\sigma}_2^2)\\ &+n_1\{\bar{z}_{a1}s_1+\bar{z}_{b1}\bar{\sigma}_1\}-(n_1/2)\{s_1^2+2\bar{\sigma}_1^2\}\{1+o_p(1)\}+o_p(1)\end{aligned}\tag{4.11}$$

要达到（4.11）式的上界，参数需要满足：

$$\bar{\mu}_0=\bar{z}_{a0},\quad \bar{\mu}_2=\bar{z}_{a2},\quad s_1=\bar{z}_{a1}$$

$$\bar{\sigma}_0=\bar{z}_{b0}/2,\quad \bar{\sigma}_1=\bar{z}_{b1}/2,\quad \bar{\sigma}_2=\bar{z}_{b2}/2$$

容易得到，上面的方程组是有解的，进而可以达到（4.11）式的上界，所以有：

$$\begin{aligned}&2\{p\ell_n(\theta_1^{(K)},\pi_1^{(K)})-p\ell_n(\theta^*,\pi_1)\}\\ =\ &\bar{z}_a^\tau N\bar{z}_a+(1/2)\bar{z}_b{}^\tau N\bar{z}_b+o_p(1)\end{aligned}\tag{4.12}$$

其中，$\bar{z}_a=(\bar{z}_{a0},\bar{z}_{a1},\bar{z}_{a2})^\tau$，$\bar{z}_b=(\bar{z}_{b0},\bar{z}_{b1},\bar{z}_{b2})^\tau$，$N=\mathrm{diag}\{n_0,n_1,n_2\}$。

由定理2.2的证明以及$\tilde{p}_n(\hat{\sigma}_1)-\tilde{p}_n(\sigma_1^*)=o_p(1)$有：

$$\begin{aligned}&2\{p\tilde{\ell}_n(\hat{\varphi},0.5)-p\tilde{\ell}_n(\varphi^*,0.5)\}\\ =\ &\bar{z}_a^\tau NA(A^\tau NA)^{-1}A^\tau N\bar{z}_a+(1/2)\bar{z}_b{}^\tau N\bar{z}_b+o_p(1)\end{aligned}\tag{4.13}$$

合并（4.12）式，（4.13）式以及 $p\ell_n(\theta^*,\pi_1)=p\tilde{\ell}_n(\varphi^*,0.5)+p(\pi_1)-p(0.5)$，并令 $U_{1n}=\bar{z}_a{}^\tau N\bar{z}_a-\bar{z}_a^\tau NA(A^\tau NA)^{-1}A^\tau N\bar{z}_a$，可得当 $\pi_1\neq 0.5$时：

$$M_n^{(K)}(\pi_1)=U_{1n}+2\{p(\pi_1)-p(0.5)\}+o_p(1)$$
$$\rightarrow \chi_1^2+2\{p(\pi_1)-p(0.5)\}$$

当 $\pi_1=0.5$且 $K=0$时，有 $\pi=0.5$，进而有 $2\pi-1=0$，因此有：

$$m_2=\bar{\mu}_{11}^2+(1-\pi)(\bar{\mu}_{11}+\bar{\mu}_{12})(\bar{\mu}_{12}-\bar{\mu}_{11})=\bar{\mu}_{11}^2+o_p(n^{-1/2})$$
$$m_3=(2\pi-1)\bar{\mu}_{11}^3+(1-\pi)(\bar{\mu}_{11}+\bar{\mu}_{12})(\bar{\mu}_{11}^2+\bar{\mu}_{12}^2-\bar{\mu}_{11}\bar{\mu}_{12})=o_p(n^{-1/2})$$
$$m_4=\bar{\mu}_{11}^4+(1-\pi)(\bar{\mu}_{11}^2+\bar{\mu}_{12}^2)(\bar{\mu}_{11}+\bar{\mu}_{12})(\bar{\mu}_{12}-\bar{\mu}_{11})=\bar{\mu}_{11}^4+o_p(n^{-1/2})$$

进而有：

$$s_1=m_1=(\bar{\mu}_{11}+\bar{\mu}_{12})/2=(\sigma_0^*\bar{\mu}_0+\sigma_2^*\bar{\mu}_2)/(2\sigma_1^*)$$
$$s_2=\{m_2+(\sigma_1/\sigma_1^*)^2-1\}/2=\bar{\mu}_{11}^2/2+(\bar{\sigma}_1{}^2+2\bar{\sigma}_1)/2+o_p(n^{-1/2})$$
$$s_3=m_3=o_p(n^{-1/2})$$
$$s_4=m_4-3m_2^2=-2\bar{\mu}_{11}^4+o_p(n^{-1/2})$$

则（4.10）式可变为：

$$\begin{aligned}
&p\ell_n(\theta_1^{(0)},0.5)-pl_n(\theta^*,0.5)\\
\leqslant\ &\bar{z}_a^\tau NB\bar{v}-(1/2)\bar{v}^\tau B^\tau NB\bar{v}\\
&+n_0\bar{z}_{b0}\bar{\sigma}_0+n_1\bar{z}_{b1}s_2+n_2\bar{z}_{b2}\bar{\sigma}_2-n_0\bar{\mu}_0^2-n_1s_2^2-n_2\bar{\mu}_2^2\\
&+n_1\bar{z}_{d1}s_4-n_1s_4^2/48-(n_1/2)\{s_1^2+2s_2^2+s_4^2/24\}o_p(1)\\
&+n_0o_p(\bar{\mu}_0^2+\bar{\sigma}_0^2)+n_2o_p(\bar{\mu}_2^2+\bar{\sigma}_2^2)+o_p(1)
\end{aligned}\tag{4.14}$$

其中

$$\bar{v}=(\bar{\mu}_0,\bar{\mu}_2)^\tau$$

$$B=\begin{pmatrix}1 & 0\\ \sigma_0^*/(2\sigma_1^*) & \sigma_2^*/(2\sigma_1^*)\\ 0 & 1\end{pmatrix}$$

要达到（4.14）式的上界，参数需要满足：

$$\bar{\nu}=(B^\tau NB)^{-1}B^\tau N\bar{z}_a$$

$$\bar{\sigma}_0=\bar{z}_{b0}/2,\ \bar{\sigma}_2=\bar{z}_{b2}/2,\ s_2=\bar{z}_{b1}/2,\ s_4=-24(\bar{z}_{d1})$$

显然，B是秩为2的矩阵，因此 $\bar{v}$的解是存在的。从其他方程容易得到，参数 $\bar{\mu}_{11}$，$\bar{\mu}_{12}$，σ_0，σ_1，σ_2的解也存在，因此可以达到（4.14）式的上界。所以有：

$$
\begin{aligned}
&2\{p\ell_n(\theta_1^{(0)},0.5)-p\ell_n(\theta^*,0.5)\}\\
&=\bar{z}_a^{\tau}NB(B^{\tau}NB)^{-1}B^{\tau}N\bar{z}_a\\
&\quad+(1/2)\bar{z}_b^{\tau}N\bar{z}_b+24n_1(\bar{z}_{d1})^2+o_p(1)
\end{aligned}
\tag{4.15}
$$

因为矩阵A与B有如下的关系：

$$A=B\begin{pmatrix}1 & 0\\ \sigma_0^*/\sigma_2^* & 2\sigma_0^*/\sigma_2^*\end{pmatrix}=BT$$

所以（4.13）式可以变为：

$$
\begin{aligned}
&2\{p\tilde{\ell}_n(\hat{\varphi},0.5)-p\tilde{\ell}_n(\varphi^*,0.5)\}\\
&=\bar{z}_a^{\tau}NBT(T^{\tau}B^{\tau}NBT)^{-1}T^{\tau}B^{\tau}N\bar{z}_a+(1/2)\bar{z}_b^{\tau}N\bar{z}_b+o_p(1)
\end{aligned}
\tag{4.16}
$$

将（4.15）式与（4.16）式合并，可得：

$$M_n^{(0)}(0.5)=\bar{z}_a^{\tau}N^{1/2}(W_1-W_2)N^{1/2}\bar{z}_a+24n_1(\bar{z}_{d1})^2+o_p(1)$$

其中

$$W_1=N^{1/2}B(B^{\tau}NB)^{-1}B^{\tau}N^{1/2}$$

$$W_2=N^{1/2}BT(T^{\tau}B^{\tau}NBT)^{-1}T^{\tau}B^{\tau}N^{1/2}$$

容易验证W_1，W_2和W_1-W_2都是对称幂等阵，且W_1与W_2的秩为2。又$N^{1/2}\bar{z}_a$渐近服从正态分布$N(0,I_3)$，可得：

$$\bar{z}_a^{\tau}N^{1/2}(W_1-W_2)N^{1/2}\bar{z}_a\to\chi_0^2$$

再由$U_{2n}=24n_1(\bar{z}_{d1})^2\to0.5\chi_0^2+0.5\chi_1^2$，进而可得：

$$M_n^{(0)}(0.5)=U_{2n}+o_p(1)\to0.5\chi_0^2+0.5\chi_1^2$$

综上可知，EM－检验统计量为：

$$EM_n^{(K)}=\max\{U_{1n}+\Delta,U_{2n}\}+o_p(1)$$

其中

$$\Delta=2\max_{\pi j\neq0.5}\{p(\pi_j)-p(0.5)\}$$

为常数。由U_{1n}，U_{2n}的极限分布以及U_{1n}与U_{2n}之间的相互独立性，可以得到该定理的结论。

定理4.4给出了有辅助信息且等方差情形的混合模型的EM－检验统计量的极限分布，根据这个结论可以很方便地计算假设检验的P值。设Robs为由观测数据计算而来的统计量值，则检验P值可以根据以下公式来计算：

$$\begin{aligned} P &= \Pr(\max\{U_1+\Delta, U_2\} > Robs) \\ &= 1 - \Pr(U_1+\Delta \leqslant Robs)\Pr(U_2 \leqslant Robs) \\ &= 1 - F(Robs-\Delta)\{0.5+0.5F(Robs)\} \end{aligned}$$

其中，$F(y)$为χ_1^2的分布函数。对于印记基因检验问题，当P值小于某个检验水平时，可以推断该基因有印记发生。

4.3 带有辅助信息且异方差模型的EM－检验

在第3章中研究了带有辅助信息且异方差的混合模型（3.1）。本节考虑该模型下的EM－检验方法。设$y_{01},y_{02},\cdots,y_{0n_0}$；$y_{11},y_{12},\cdots,y_{1n_1}$；$y_{21},y_{22},\cdots,y_{2n_2}$为来自模型（3.1）的三组子样本，这里沿用第3章中的记号，则对数似然函数为：

$$\begin{aligned} \ell_n(\theta,\pi) &= \sum_{i=1}^{n_0}\log\phi(y_{0i};\mu_0,\sigma_0^2) + \sum_{i=1}^{n_2}\log\phi(y_{2i};\mu_2,\sigma_2^2) \\ &\quad + \sum_{i=1}^{n_1}\log\{\pi\phi(y_{1i};\mu_{11},\sigma_{11}^2) + (1-\pi)\phi(y_{1i};\mu_{12},\sigma_{12}^2)\} \\ &= \ell_{0n}(\mu_0,\sigma_0) + \ell_{2n}(\mu_2,\sigma_2) + \ell_{1n}(\Gamma) \end{aligned}$$

其中，参数$\theta=(\mu_0,\beta^P,\beta^M,\sigma_0^2,\sigma_{11}^2,\sigma_{12}^2,\sigma_2^2)^\tau$。

由于对异方差的混合正态模型，似然函数无界。同第3章中的讨论一样，需要对方差参数进行惩罚，使得方差远离0。惩罚函数为：

$$\tilde{p}_n(\Gamma) = \tilde{p}_n(\sigma_{11}) + \tilde{p}_n(\sigma_{12})$$

其中，$\tilde{p}_n(\sigma)$需要满足第3章中的条件C1，C2，C4。

又在异方差的混合正态模型中，两组纯合子样本只对均值参数有辅助信息，而对方差参数没有更多的信息。因此，当参数满足$\beta^P=\beta^M$且混合模型退化到单一成分正态模型时，参数π，σ_{11}，σ_{12}之间相互不能被识别，所以也需要对混合比例π做惩罚。惩罚函数$p(\pi)$需要满足条件C3。惩罚对数似然函数为：

$$p\ell_n(\theta,\pi) = \ell_n(\theta,\pi) + \tilde{p}_n(\sigma_{11}) + \tilde{p}_n(\sigma_{12}) + p(\pi)$$

在本节中，我们关心的检验问题同3.3节中的一样：

$$H_0:\beta^P=\beta^M \text{ 且 } \pi(1-\pi)(\sigma_{11}-\sigma_{12})=0 \qquad (4.17)$$

在原假设成立时的对数似然函数为：

$$\tilde{\ell}_n(\varphi)=\sum_{i=1}^{n}\log\phi(y_i;\mu_0+x_i\beta,\sigma_{x_i}^2)$$

相应的惩罚对数似然函数为：

$$p\tilde{\ell}_n(\varphi,\pi)=\sum_{i=1}^{n}\log\phi(y_i;\mu_0+x_i\beta,\sigma_{x_i}^2)+\tilde{p}_n(\sigma_1)+p(\pi)$$

基于惩罚对数似然函数$p\ell_n(\theta,\pi)$和检验问题（4.17），EM－检验统计量的构建如下：

第一步，选取L个π的初始值，$\pi_l\in(0,0.5]$，$l=1,2,\cdots,L$。选取一个正整数K。令$l=1$，$k=0$，计算

$$\hat{\varphi}=\arg\max_{\varphi}p\tilde{\ell}_n(\varphi,0.5)$$

第二步，令$\pi_l^{(k)}=\pi_l$，并计算

$$\theta_l^{(k)}=\arg\max_{\theta}p\ell_n(\theta,\pi_l^{(k)})$$

以及

$$M_n^{(k)}(\pi_l)=2\{p\ell_n(\theta_l^{(k)},\pi_l^{(k)})-p\ell_n(\hat{\varphi},0.5)\}$$

第三步，将$(\theta_l^{(k)},\pi_l^{(k)})$作为参数的初值，利用EM算法迭代更新参数的值。对$i=1,2,\cdots,n$，分别计算EM算法E－步中潜在变量的条件期望

$$\gamma_{il}^{(k)}=\frac{\pi_l^{(k)}\phi(y_{1i};\mu_{l11}^{(k)},(\sigma_{l11}^2)^{(k)})}{\pi_l^{(k)}\phi(y_{1i};\mu_{l11}^{(k)},(\sigma_{l11}^2)^{(k)})+(1-\pi_l^{(k)})\phi(y_{1i};\mu_{l12}^{(k)},(\sigma_{l12}^2)^{(k)})}$$

再计算M－步中参数的更新：

$$\pi_l^{(k+1)}=\arg\max_{\pi}\left\{\sum_{i=1}^{n_1}\gamma_{il}^{(k)}\log\pi+(n_1-\sum_{i=1}^{n_1}\gamma_{il}^{(k)})\log(1-\pi)+p(\pi)\right\}$$

$$\begin{aligned}\theta_l^{(k+1)}=\arg\max_{\theta}\Big\{&\sum_{i=1}^{n_0}\log\phi(y_{0i};\mu_0,\sigma_0^2)+\sum_{i=1}^{n_2}\log\phi(y_{2i};\mu_2,\sigma_2^2)\\&+\sum_{i=1}^{n_1}\gamma_{li}^{(k)}\log\phi(y_{1i};\mu_{11},\sigma_{11}^2)+\sum_{i=1}^{n_1}(1-\gamma_{li}^{(k)})\log\phi(y_{1i};\mu_{12},\sigma_{12}^2)\\&+\tilde{p}_n(\sigma_{11})+\tilde{p}_n(\sigma_{12})\Big\}\end{aligned}$$

以及

$$M_n^{(k+1)}(\pi_l)=2\{p\ell_n(\theta_l^{(k+1)},\pi_l^{(k+1)})-p\ell_n(\hat{\varphi},0.5)\}$$

第四步，令$k=k+1$，重复第三步和第四步直到$k=K$，得到：

$$M_n^{(K)}(\pi_l)=2\{p\ell_n(\theta_l^{(K)},\pi_l^{(K)})-p\ell_n(\hat{\varphi},0.5)\}$$

第五步，令$l=l+1$，$k=0$，重复第二步到第五步，直到$l=L$，得到L个统计量$M_n^{(K)}(\pi_1),M_n^{(K)}(\pi_2),\cdots,M_n^{(K)}(\pi_L)$。

第六步，计算EM－检验统计量：

$EM_n^{(K)}=\{M_n^{(K)}(\pi_l),l=1,2,\cdots,L\}$

同等方差的情形，出于对$\pi=0.5$的特殊考虑，仍然考虑统计量为

$EM_n^{(0)}=\{M_n^{(K)}(0.5),M_n^{(K)}(\pi_2),\cdots,M_n^{(K)}(\pi_l)\}$

其中，K为有限正整数。这里与之前的分析思路相同，当$\pi\neq0.5$时，$\mu_{11}^{(K)}$与$\mu_{12}^{(K)}$的收敛速度为$O_p(n^{-1/2})$，进而可以推导出统计量$M_n^{(K)}(\pi)$的极限分布为$0.5\chi_1^2+0.5\chi_2^2$。当$\pi=0.5$时，参数μ_2与$\pi\mu_{11}+(1-\pi)\mu_{12}$提供了同样的信息，统计量的极限分布较定理3.2中的极限分布χ_3^2会减少一个自由度，进而可以推导出$M_n^{(0)}(0.5)$的极限分布为χ_2^2。将以上两种情况结合起来就能够得到下面定理中在模型（3.1）下EM－检验统计量$EM_n^{(K)}$的极限分布：

定理4.5 设$y_{01},y_{02},\cdots,y_{0n_0}$；$y_{11},y_{12},\cdots,y_{1n_1}$；$y_{21},y_{22},\cdots,y_{2n_2}$为来自模型（2.1）的三组子样本。惩罚函数$\tilde{p}_n(\sigma)$满足条件C1，C2和C4，惩罚函数$p(\pi)$满足条件C3。在EM－检验统计量的构造中，选取0.5作为其中一个混合比例参数的初值。假定样本量$n=n_0+n_1+n_2\rightarrow\infty$，且$n_j/n\rightarrow\rho_j>0$，$j=0,1,2$，则在原假设成立下，对固定的正整数常数K，有：

$$EM_n^{(K)}\xrightarrow{L}\max\{V_1+V_2^++\Delta,V_2+V_3\} \tag{4.18}$$

其中，$V_1,V_2,V_3\overset{iid}{\sim}\chi_1^2$，常数

$$\Delta=2\max_{\pi_j\neq0.5}\{p(\pi_j)-p(0.5)\}$$

设$V_2=Z^2$，$Z\sim N(0,1)$，$V_2^+=(Z^+)^2$。

证明 同定理4.4的证明一样，对初值$\pi_1^{(0)}=\pi_1\in(0,0.5]$，由EM－检验统计量的构造可知：

$$p\ell_n(\theta_1^{(K)},\pi_1^{(K)})\geqslant p\ell_n(\theta_1^{(0)},\pi_1^{(0)})\geqslant p\ell_n(\theta^*,\pi_1)$$

进而有：

$$p\ell_n(\theta_1^{(K)},\pi_1^{(K)})-p\ell_n(\theta^*,\pi_1)\geqslant0$$

这里$\theta_1^{(K)}=(\mu_0,\beta^P,\beta^M,\sigma_0^2,\sigma_{11}^2,\sigma_{12}^2,\sigma_2^2)^\tau$以及$\pi_1^{(K)}=\pi$分别为根据EM算法迭代K步后得到的参数。由定理3.1中基于惩罚对数似然函数的参数PMLE的相合性证明可知，$\theta_1^{(K)}\to\theta^*$。

令$\mu_{11}=\mu_0+\beta^P$，$\mu_{12}=\mu_0+\beta^M$，$\mu_2=\mu_0+\beta^P+\beta^M$。除此之外，其他的记号像$\bar{\mu}_0$，$\bar{\mu}_{11}$，$\bar{\mu}_{12}$，$\bar{\mu}_2$，$\bar{\sigma}_0$，$\bar{\sigma}_{11}$，$\bar{\sigma}_{12}$，$\bar{\sigma}_2$以及$a_i$，$b_i$，$c_i$，$d_i$，$t_1$，$t_2$，$t_3$，$t_4$等都同定理3.2证明中定义的一致。

根据参数估计$\theta_1^{(K)}$的相合性，三组子样本的对数似然函数$\ell_{0n}(\mu_0,\sigma_0)$，$\ell_{1n}(\Gamma)$，$\ell_{2n}(\mu_2,\sigma_2)$分别有和定理3.2证明中相同的展开式。将这三个展开式组合起来，再加上惩罚函数项可以得到惩罚对数似然函数$p\ell_n(\theta_1^{(K)},\pi_1^{(K)})$有如下的展开式：

$$\begin{aligned}0&\leqslant p\ell_n(\theta_1^{(K)},\pi_1^{(K)})-p\ell_n(\theta^*,\pi_1)\\&\leqslant n_0\{(\bar{z}_{a0}\bar{\mu}_0+\bar{z}_{b0}\bar{\sigma}_0)-(\bar{\mu}_0^2+2\bar{\sigma}_0^2)/2\}+n_0o_p(\bar{\mu}_0^2+\bar{\sigma}_0^2)\\&\quad+n_2\{(\bar{z}_{a2}\bar{\mu}_2+\bar{z}_{b2}\bar{\sigma}_2)-(\bar{\mu}_2^2+2\bar{\sigma}_2^2)/2\}+n_2o_p(\bar{\mu}_2^2+\bar{\sigma}_2^2)\\&\quad+n_1\{\bar{z}_{a1}t_1+\bar{z}_{b1}t_2+\bar{z}_{c1}t_3+\bar{z}_{d1}t_4\}\\&\quad-(n_1/2)\{t_1^2+2t_2^2+t_3^2/6+t_4^2/24\}\{1+o_p(1)\}+o_p(1)\\&\quad+\tilde{p}_n(\sigma_{11})+\tilde{p}_n(\sigma_{12})-2\tilde{p}_n(\sigma_1^*)+p(\pi)-p(\pi_1)\end{aligned}\tag{4.19}$$

又由Chen & Li （2009）[12]中的证明可知，上式中的惩罚函数项部分

$$\tilde{p}_n(\sigma_{11})+\tilde{p}_n(\sigma_{12})-2\tilde{p}_n(\sigma_1^*)+p(\pi)-p(\pi_1)$$

可以被忽略。

同定理2.2中一样，由（4.19）式可以断定

$$(\bar{\mu}_0,\bar{\mu}_2,\bar{\sigma}_0,\bar{\sigma}_2,t_1,t_2,t_3,t_4)=O_p(n^{-1/2})$$

因此依然可以得到：

$$\bar{\mu}_{11}+\bar{\mu}_{12}=O_p(n^{-1/2})$$

以及

$$(2\pi-1)\bar{\mu}_{11}=O_p(n^{-1/2})$$

根据Chen & Li （2009）[12]中的证明，可知$\pi-\pi_1=o_p(1)$。因此，对任意的$K\geqslant0$，当$\pi_1\neq0.5$时，有：

$$\bar{\mu}_{11}=O_p(n^{-1/2}),\ \bar{\mu}_{12}=O_p(n^{-1/2})$$

进而有：

$$m_{2,0}=\pi\bar{\mu}_{11}^{2}+(1-\pi)\bar{\mu}_{12}^{2}=o_p(n^{-1/2})$$
$$m_{3,0}=\pi\bar{\mu}_{11}^{3}+(1-\pi)\bar{\mu}_{12}^{3}=o_p(n^{-1/2})$$
$$m_{4,0}=\pi\bar{\mu}_{11}^{4}+(1-\pi)\bar{\mu}_{12}^{4}=o_p(n^{-1/2})$$
$$m_{1,1}=\pi\bar{\mu}_{11}\{(\sigma_{11}/\sigma_1^*)^2-1\}+(1-\pi)\bar{\mu}_{12}\{(\sigma_{12}/\sigma_1^*)^2-1\}=o_p(n^{-1/2})$$
$$m_{2,1}=\pi\bar{\mu}_{11}^{2}\{(\sigma_{11}/\sigma_1^*)^2-1\}+(1-\pi)\bar{\mu}_{12}^{2}\{(\sigma_{12}/\sigma_1^*)^2-1\}=o_p(n^{-1/2})$$

所以有：

$$t_1=m_{1,0}=\pi\bar{\mu}_{11}+(1-\pi)\bar{\mu}_{12}=\pi_1\bar{\mu}_{11}+(1-\pi_1)\bar{\mu}_{12}+o_p(n^{-1/2})$$
$$\begin{aligned}t_2&=(m_{2,0}+m_{0,1})/2\\&=\pi\{(\sigma_{11}/\sigma_1^*)^2-1\}+(1-\pi)\{(\sigma_{12}/\sigma_1^*)^2-1\}+o_p(n^{-1/2})\end{aligned}$$
$$t_3=m_{3,0}+3m_{1,1}=o_p(n^{-1/2})$$
$$\begin{aligned}t_4&=m_{4,0}+6m_{2,1}+3m_{0,2}\\&=3\pi\{(\sigma_{11}/\sigma_1^*)^2-1\}^2+3(1-\pi)\{(\sigma_{12}/\sigma_1^*)^2-1\}^2+o_p(n^{-1/2})\end{aligned}$$

由 $t_2=O_p(n^{-1/2})$，得 $t_2^2=o_p(n^{-1/2})$，进而有：

$$\begin{aligned}t_4&=3\pi\{(\sigma_{11}/\sigma_1^*)^2-1\}^2+3(1-\pi)\{(\sigma_{12}/\sigma_1^*)^2-1\}^2-3t_2^2+o_p(n^{-1/2})\\&=3\pi(1-\pi)\{(\sigma_{11}/\sigma_1^*)^2-(\sigma_{12}/\sigma_1^*)^2\}^2+o_p(n^{-1/2})\end{aligned}$$

则（4.19）式可变为：

$$\begin{aligned}&p\ell_n(\theta_1^{(K)},\pi_1^{(K)})-pl_n(\theta^*,\pi_1)\\\leqslant&\, n_0\{(\bar{z}_{a0}\bar{\mu}_0+\bar{z}_{b0}\bar{\sigma}_0)-(\bar{\mu}_0^2+2\bar{\sigma}_0^2)/2\}+n_0o_p(\bar{\mu}_0^2+\bar{\sigma}_0^2)\\&+n_2\{(\bar{z}_{a2}\bar{\mu}_2+\bar{z}_{b2}\bar{\sigma}_2)-(\bar{\mu}_2^2+2\bar{\sigma}_2^2)/2\}+n_2o_p(\bar{\mu}_2^2+\bar{\sigma}_2^2)\\&+n_1\{\bar{z}_{a1}t_1+\bar{z}_{b1}t_2+\bar{z}_{d1}t_4\}\\&-(n_1/2)\{t_1^2+2t_2^2+t_4^2/24\}\{1+o_p(1)\}+o_p(1)\end{aligned}\tag{4.20}$$

要达到（4.20）式的上界，参数需要满足：

$$\bar{\mu}_0=\bar{z}_{a0},\quad \bar{\sigma}_0=\bar{z}_{b0}/2$$
$$\bar{\mu}_2=\bar{z}_{a2},\quad \bar{\sigma}_2=\bar{z}_{b2}/2$$
$$t_1=\bar{z}_{a1},\quad t_2=\bar{z}_{b1}/2,\quad t_4=24\bar{z}_{d1}^{+}$$

容易得到，上面的方程组是有解的，进而可以达到（4.20）式的上界，所以有：

$$\begin{aligned}&2\{p\ell_n(\theta_1^{(K)},\pi_1^{(K)})-p\ell_n(\theta^*,\pi_1)\}\\=&\,\bar{z}_a^{\tau}N\bar{z}_a+(1/2)\bar{z}_b^{\tau}N\bar{z}_b+24n_1(\bar{z}_{d1}^{+})^2+o_p(1)\end{aligned}\tag{4.21}$$

其中，$\bar{z}_a=(\bar{z}_{a0},\bar{z}_{a1},\bar{z}_{a2})^\tau$，$\bar{z}_b=(\bar{z}_{b0},\bar{z}_{b1},\bar{z}_{b2})^\tau$，$N=\mathrm{diag}\{n_0,n_1,n_2\}$为对角阵。

由惩罚函数的性质可知$\tilde{p}_n(\hat{\sigma}_1)-\tilde{p}_n(\sigma_1^*)=o_p(1)$，再由定理3.2的证明有：

$$\begin{aligned}&2\{p\tilde{\ell}_n(\hat{\varphi},0.5)-p\tilde{\ell}_n(\varphi^*,0.5)\}\\&=\bar{z}_a^\tau NA(A^\tau NA)^{-1}A^\tau N\bar{z}_a+(1/2)\bar{z}_b^\tau N\bar{z}_b+o_p(1)\end{aligned}\tag{4.22}$$

合并（4.21）式，（4.22）式以及

$$p\ell_n(\theta^*,\pi_1)=p\tilde{\ell}_n(\varphi^*,0.5)+p(\pi_1)-p(0.5)$$

并令$V_{1n}=\bar{z}_a^\tau N\bar{z}_a-\bar{z}_a^\tau NA(A^\tau NA)^{-1}A^\tau N\bar{z}_a$，$V_{2n}^+=24n_1(\bar{z}_{d1}^+)^2$，可得当$\pi_1\neq0.5$时：

$$\begin{aligned}M_n^{(K)}(\pi_1)&=V_{1n}+V_{2n}^++2\{p(\pi_1)-p(0.5)\}+o_p(1)\\&\to0.5\chi_1^2+0.5\chi_2^2+2\{p(\pi_1)-p(0.5)\}\end{aligned}$$

当$\pi_1=0.5$且$K=0$时，有$\pi=0.5$，进而有$2\pi-1=0$。令

$$\bar{\eta}_{1h}=\bar{\mu}_{1h}^2+(\sigma_{1h}/\sigma_1^*)^2-1,\ h=1,2$$

再结合定理3.2证明中的推导可以得到：

$$\begin{aligned}t_1&=m_{1,0}=(\bar{\mu}_{11}+\bar{\mu}_{12})/2=(\sigma_0^*\bar{\mu}_0+\sigma_2^*\bar{\mu}_2)/(2\sigma_1^*)\\t_2&=(m_{2,0}+m_{0,1})/2=(\bar{\eta}_{11}+\bar{\eta}_{12})/4\\t_3&=m_{3,0}+3m_{1,1}=3\bar{\mu}_{11}\bar{\eta}_{11}+o_p(n^{-1/2})\\t_4&=m_{4,0}+6m_{2,1}+3m_{0,2}=3\bar{\eta}_{11}^2-2\bar{\mu}_{11}^4+o_p(n^{-1/2})\end{aligned}$$

则（4.19）式可变为：

$$\begin{aligned}&p\ell_n(\theta_1^{(0)},0.5)-pl_n(\theta^*,0.5)\\&\leqslant\bar{z}_a^\tau NB\bar{v}-(1/2)\bar{v}^\tau B^\tau NB\bar{v}\\&\quad+n_0\bar{z}_{b0}\bar{\sigma}_0+n_1\bar{z}_{b1}t_2+n_2\bar{z}_{b2}\bar{\sigma}_2-n_0\bar{\mu}_0^2-n_1t_2^2-n_2\bar{\mu}_2^2\\&\quad+n_1(\bar{z}_{c1}t_3+\bar{z}_{d1}t_4)-(n_1/2)\{t_1^2+2t_2^2+s_3^2/6+t_4^2/24\}o_p(1)\\&\quad+n_0o_p(\bar{\mu}_0^2+\bar{\sigma}_0^2)+n_2o_p(\bar{\mu}_2^2+\bar{\sigma}_2^2)+o_p(1)\end{aligned}\tag{4.23}$$

为了能够达到（4.23）式的上界，参数需要满足：

$$\bar{\nu}=(B^\tau NB)^{-1}B^\tau N\bar{z}_a$$

$$\bar{\sigma}_0=\bar{z}_{b0}/2,\ \bar{\sigma}_2=\bar{z}_{b2}/2,\ t_2=\bar{z}_{b1}/2,\ t_3=6\bar{z}_{c1},\ t_4=24\bar{z}_{d1}$$

由之前的讨论，满足上式的参数的解是存在的，进而能够达到（4.23）式的上界，所以有：

$$
\begin{aligned}
&2\{p\ell_n(\theta_1^{(0)},0.5)-p\ell_n(\theta^*,0.5)\}\\
&=\bar{z}_a^{\tau}NB(B^{\tau}NB)^{-1}B^{\tau}N\bar{z}_a\\
&\quad+(1/2)\bar{z}_b^{\tau}N\bar{z}_b+6n_1\bar{z}_{c1}^2+24n_1\bar{z}_{d1}^2+o_p(1)
\end{aligned}
\tag{4.24}
$$

根据矩阵A与B之间的关系，（4.22）式可以变为：

$$
\begin{aligned}
&2\{p\tilde{\ell}_n(\hat{\varphi},0.5)-p\tilde{\ell}_n(\varphi^*,0.5)\}\\
&=\bar{z}_a^{\tau}NBT(T^{\tau}B^{\tau}NBT)^{-1}T^{\tau}B^{\tau}N\bar{z}_a+(1/2)\bar{z}_b^{\tau}N\bar{z}_b+o_p(1)
\end{aligned}
\tag{4.25}
$$

再将（4.24）式与（4.25）式合并，可得：

$$
\begin{aligned}
&M_n^{(K)}(0.5)\\
&=\bar{z}_a^{\tau}N^{1/2}(\mathbb{W}_1-\mathbb{W}_2)N^{1/2}\bar{z}_a+26n_1\bar{z}_{c1}^2+24n_1\bar{z}_{d1}^2+o_p(1)
\end{aligned}
$$

又知

$$\bar{z}_a^{\tau}N^{1/2}(\mathbb{W}_1-\mathbb{W}_2)N^{1/2}\bar{z}_a\rightarrow\chi_0^2$$

令$V_{2n}=24n_1\bar{z}_{d1}^2$，$V_{3n}=6n_1\bar{z}_{c1}^2$，进而可得：

$$M_n^{(0)}(0.5)=V_{2n}+V_{3n}+o_p(1)\rightarrow\chi_2^2$$

综上可知，EM-检验统计量

$$EM_n^{(K)}=\max\{V_{1n}+V_{2n}^{+}+\Delta,V_{2n}+V_{3n}\}+o_p(1)$$

由V_{1n}，V_{2n}，V_{3n}的定义，以及V_{1n}，V_{2n}，V_{3n}之间的相互独立性，可以得到该定理的结论。

定理4.5给出了有辅助信息且异方差情形的混合模型的EM-检验统计量的极限分布，根据这个结论可以很方便地计算假设检验的P值。设Robs为由观测数据计算而来的统计量值，则检验P值可以根据以下公式来计算：

$$
\begin{aligned}
P&=\Pr(\max\{V_1+V_2^{+}+\Delta,V_2+V_3\}>Robs)\\
&=0.5\Pr(\max\{V_1+\Delta,V_2+V_3\}>Robs)\\
&\quad+0.5\Pr(\max\{V_1+V_2+\Delta,V_2+V_3\}>Robs)\\
&=1-0.5\Pr(\chi_1^2\leqslant Robs-\Delta)\Pr(\chi_2^2\leqslant Robs)\\
&\quad-0.5\Pr(V_2+\max\{V_1+\Delta,V_3\}\leqslant Robs)
\end{aligned}
$$

其中，$\Pr(V_2+\max\{V_1+\Delta,V_3\}\leqslant Robs)$的计算需要用到卷积公式先求出$V_2+\max\{V_1+\Delta,V_3\}$的分布。在计算中，也可以通过数值计算的方式来求这个概率。对于印记基因检验问题，当P值小于某个检验水平时，可以推断该基因有印记发生。

4.4 数值研究

在本节中，针对EM-检验方法做了一系列模拟研究，其中分别在等方差、异方差两种情形下与前两章中的似然比检验方法做了比较。另外，利用本章的方法同样也对GABRB2基因数据做了分析。在计算中，对等方差模型的EM-检验，惩罚函数取为

$$\tilde{p}_n(\sigma) = -(s_{n_1}^2/\sigma^2 + \log(\sigma^2/s_{n_1}^2))$$

和

$$p(\pi) = \log\{1 - 2|\pi - 0.5|\}$$

对异方差模型的EM-检验，惩罚函数取为

$$\tilde{p}_n(\sigma) = -0.25\,(s_{n_1}^2/\sigma^2 + \log(\sigma^2/s_{n_1}^2))$$

和

$$p(\pi) = 1.5\log\{1 - 2|\pi - 0.5|\}$$

在本章的数值研究中，记等方差模型下的EM-检验方法为“EM-test-1”，记异方差模型下的EM-检验方法为“EM-test-2”，相应的似然比检验方法分别记为“LRT-1”与“LRT-2”。

4.4.1 模拟研究

在模拟研究中，考虑了等方差与异方差两种情形。在每种情形下，都计算了EM-检验方法的经验第一类错误以及在各个参数变化下的检验功效，并与相应的似然比检验方法做了比较。每组参数设置下，都重复计算20 000次。

首先考虑等方差情形下的模拟研究。表4-1中给出了在等方差混合模型中的EM-test-1与LRT-1两种方法的经验第一类错误。仍然考虑样本量为$n_j = 50,100,200,500$四种情况。其余的参数分别设置为$\mu_0 = 1$，$\beta^P = \beta^M = 1$，$\sigma_0 = 0.2$，$\sigma_1 = 0.3$和$\sigma_2 = 0.4$。考虑0.05和0.01两个检验水平，分别计算经验第一类错误。计算结果显示两种方法的经验第一类错误都非常接近检验水平，说明两种方法都能很好地控制检验的经验第一

类错误。

表4-1　　EM-test-1与LRT-1两种方法的经验第一类错误

方法	检验水平	样本量n_j			
		50	100	200	500
EM-test-1	0.05	0.048	0.052	0.051	0.050
	0.01	0.009	0.011	0.011	0.009
LRT-1	0.05	0.053	0.051	0.054	0.050
	0.01	0.011	0.011	0.012	0.010

图4-1至图4-3显示了等方差假定下的方法EM-test-1和LRT-1的检验功效。仍然考虑样本量为$n_j = 50, 100, 200, 500$四种情况，在检验水平为0.05下，分别考虑多种参数组合来计算检验功效。不同参数变化下的参数设置与2.4节中的相同。从结果可以看出各个方法随着样本量的增大，检验功效都有所增加。两种方法在各参数变化下的功效差别不相上下。

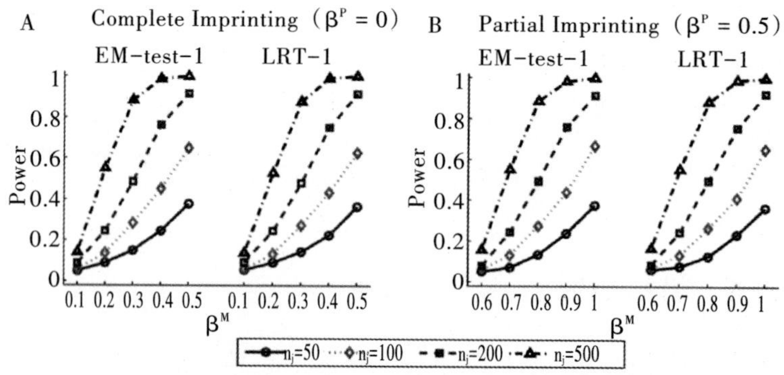

图4-1　完全印记（A）和部分印记（B）下，检验功效随效应差增大的变化图

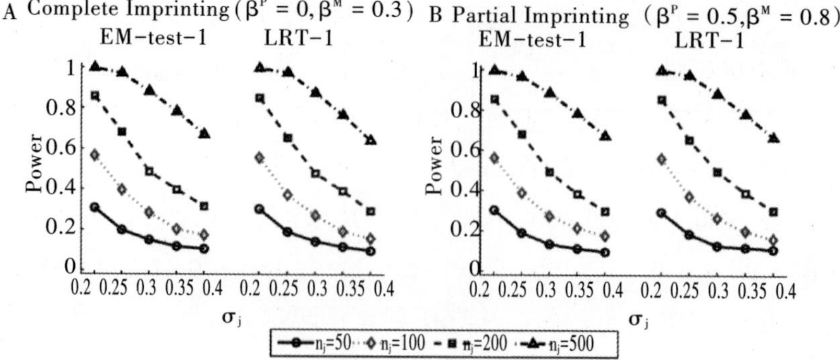

图4-2　完全印记（A）和部分印记（B）下，检验功效随方差增大的变化图

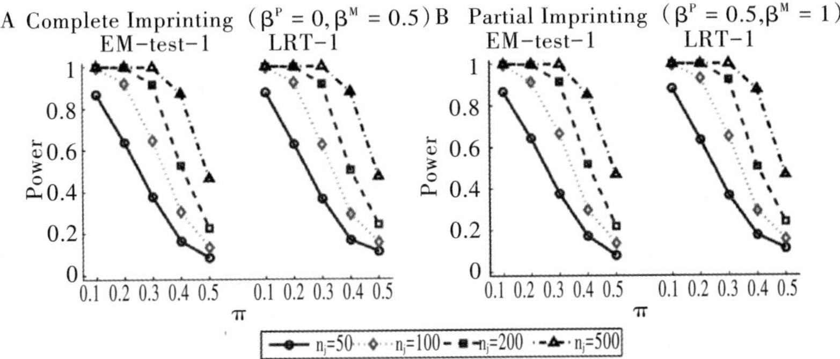

图4-3 完全印记（A）和部分印记（B）下，检验功效随混合比例增大的变化图

图4-1说明随着效应参数β^P与β^M的差距变大，检验功效会逐渐增大。图4-2说明随着方差参数的增大，检验功效有所降低。图4-3说明随着混合比例逐渐接近0.5，检验功效会逐渐下降。这是由于混合比例参数接近0.5时，纯合子样本提供的辅助信息逐渐减少而导致的。

下面是异方差情形下的模拟研究。表4-2给出了在异方差的混合模型下EM-test-2与LRT-2两种方法的经验第一类错误，分别考虑了样本量为n_j=50，100，200，500四种情况以及0.05和0.01两个检验水平。其余的参数设置与等方差情形时的相同。结果显示两种方法的经验第一类错误都比较接近检验水平，说明两种方法都能够较好地控制检验的经验第一类错误。

表4-2　　**EM-test-2与LRT-2两种方法的经验第一类错误**

方法	检验水平	样本量 n_j			
		50	100	200	500
EM-test-2	0.05	0.052	0.055	0.053	0.052
	0.01	0.010	0.012	0.011	0.011
LRT-2	0.05	0.051	0.058	0.057	0.054
	0.01	0.009	0.013	0.012	0.011

图4-4至图4-6显示了异方差假定下的方法EM-test-2和LRT-2的检验功效。考虑样本量 n_j=50,100,200,500四种情况，在检验水平0.05下，分别考虑了多组参数来计算检验功效。参数的设置与3.4节中相同。结果同样显示两种方法在各参数变化下的检验功效都比较一致，没有明显的差距。随着样本量的增加，检验功效也会逐渐增大。

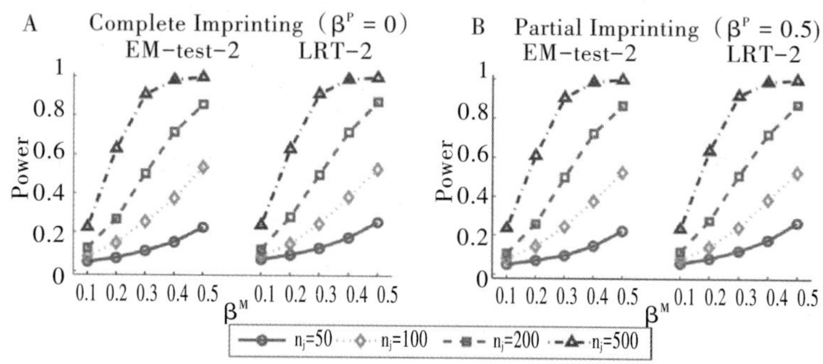

图4-4 完全印记（A）和部分印记（B）下，检验功效随效应差增大的变化图

图4-4说明检验功效会随着效应参数 β^P 与 β^M 差距的增大而增大。图4-5说明检验功效会随着方差参数差距的增大而增大。图4-6说明随着混合比例的增加，检验功效有所下降。但是在混合比例接近0.5的时候，检验功效会有小幅的上升。这是因为在没有辅助信息且异方差模型下的检验功效会随着混合比例接近0.5而有所上升（参见图3-4），当辅助信息减少时，检验结果会与无辅助信息时的情况接近。

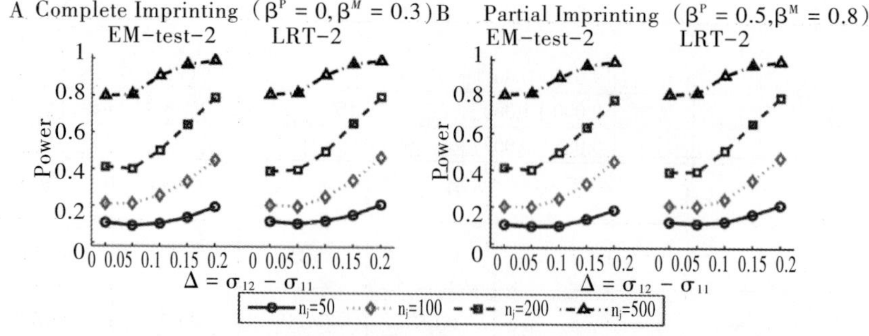

图4-5 完全印记（A）和部分印记（B）下，检验功效随方差差距增大的变化图

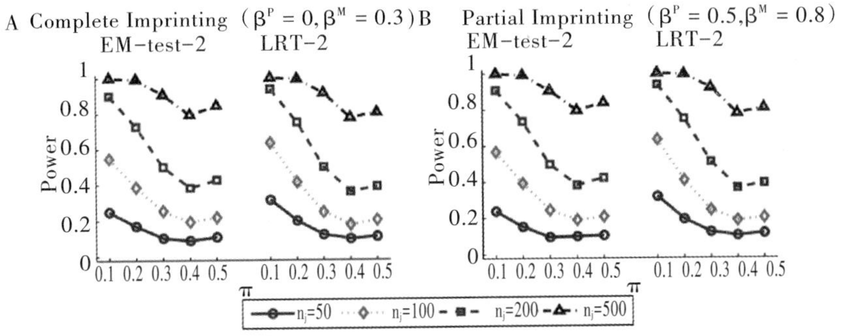

图4-6 完全印记（A）和部分印记（B）下，检验功效随混合比例增大的变化图

4.4.2 实际数据分析

在本节中仍然对GABRB2基因数据做了分析。仍然考虑了与精神分裂症相关的3个SNP，即S3，S5和S29，以及两个剪接异构体β_{2S}和β_{2L}的表达值。同样也分别考虑了患病组和对照组，共有12个组合需要去做印记基因的识别检验。

表4-3中给出了LRT-1，LRT-2，EM-test-1与EM-test-2四种方法的分析结果。结果中较小的P值说明有印记的证据。对印记证据较强的用**（P值小于等于0.05）或*（P值在0.05与0.1之间）来标注。注意到EM-检验统计量的值有部分为负值的情况，这是由于惩罚函数的原因造成的。

表4-3 基于精神分裂症数据的印记基因检验结果

剪接异构体	SNP	组	LRT-1		LRT-2		EM-test-1		EM-test-2	
			R_n	P	R_n	P	$EM_n^{(K)}$	P	$EM_n^{(K)}$	P
β_{2S}	S3	患病	0.000	0.999	3.033	0.387	-0.333	0.703	2.145	0.401
		对照	9.085	0.007**	9.278	0.026**	3.206	0.083*	5.493	0.079*
	S5	患病	0.000	1.000	5.175	0.159	-0.412	0.718	3.629	0.198
		对照	9.085	0.007**	9.278	0.026**	3.026	0.083*	5.493	0.079*
	S29	患病	0.000	0.999	3.575	0.311	-0.102	0.699	1.908	0.448
		对照	5.812	0.035**	5.341	0.149	1.380	0.227	2.892	0.282
β_{2L}	S3	患病	0.000	0.999	8.562	0.036**	-0.246	0.689	6.626	0.045**
		对照	1.755	0.301	2.978	0.395	0.701	0.353	1.432	0.299
	S5	患病	0.000	1.000	5.712	0.127	-0.461	0.727	4.385	0.137
		对照	1.755	0.301	2.998	0.392	0.694	0.354	1.552	0.332
	S29	患病	3.940	0.093**	8.705	0.034**	2.923	0.089*	5.960	0.063*
		对照	1.682	0.313	2.359	0.501	0.084	0.565	1.118	0.350

结果显示在大部分情况下，四种方法的结果都比较一致。特别是对等方差模型下的两种方法LRT-1与EM-test-1结果比较一致，而对异方差模型下的两种方法LRT-2与EM-test-2结果比较一致。然而总体来看，似然比检验的方法要比EM－检验的方法检验结果的信号更强，检验的结果也与数据的样本量有一定的关系。在异方差模型下，对β_{2L}与S3较强的印记证据有待于生物学家进一步证实。

4.5 小结

在本章中，对带有辅助信息的混合模型考虑了EM－检验方法。其中对等方差和异方差两种情形下的混合模型分别进行了详细讨论。

EM－检验方法的思想其实是对在混合比例π的全空间［0,1］下的似然比检验和在固定混合比例$\pi = 0.5$下的似然比检验两者的一个折中，使得所构造的EM－检验统计量$EM_n^{(K)}$既能够尽可能接近全空间下的似然比检验统计量R_n，又能使统计量$EM_n^{(K)}$有相对简单、易使用的极限分布。具体做法是通过对π初始值的选取以及利用EM算法迭代对参数的更新，分别考虑了混合比例在$\pi = \pi_1$，$\pi = \pi_1+o_p(1)$下的似然比统计量，最终选取在不同混合比例下较大的作为最终的检验统计量$EM_n^{(K)}$。由于$\pi = 0.5$在混合模型中的特殊性，通常选取的初值要包括0.5，并且对$\pi = 0.5$也要特殊考虑。

在第2、3章中建立的含有辅助信息的混合模型中，在不同的混合比例限制下，似然比统计量的极限分布有着不同的情况。当混合比例$\pi = 0.5$时，纯合子提供的辅助信息与杂合子本身的信息是一样的，此时似然比检验统计量与全空间下的似然比统计量相比，会减少一个自由度。因此，与以往的EM－检验不同，本章中在对统计量$EM_n^{(K)}$的构建中对$EM_n^{(0)}$（0.5）做了特殊考虑，在初值选取0.5时没有进行EM迭代，即直接采用了统计量$EM_n^{(0)}$（0.5）与其他初值下的统计量取最大。若采用一般情况下的统计量$EM_n^{(0)}$（0.5），在理论证明中还需要进一步的修正。在$\pi = \pi_1 = 0.5$时，辅助信息使得参数β^P，β^M估计的收敛速度加快，

为 $O_P(n^{1/2})$，这给此时的似然比检验统计量极限分布研究带来了方便。综合这两点，本章提出了有辅助信息下的EM-检验统计量，并得出了最终检验统计量的极限分布。

5　基于核心家庭数据的混合模型

本章我们考虑有更进一步的辅助信息，即核心家庭数据。核心家庭指的是包含孩子、父亲、母亲三个成员的家庭。有了父母的信息，我们可以利用的辅助信息就更多，而未知的、符合混合模型的部分相应就会减少，从而在模型的统计推断中能够更为准确，假设检验的功效也会更高。在本章中，针对核心家庭数据建立了合理的模型，同样也包括等方差和异方差的两种情形，并分别证明了参数估计的相合性以及推导了似然比检验的渐近分布。

5.1　等方差情形

5.1.1　模型的建立

考虑有n个家庭，观测数据除（x_i,y_i）外，还包括g_i=（g_i^P,g_i^M），i=1,2,…,n。其中，对第i个家庭，x_i表示该家庭中孩子目标SNP的基因型，y_i表示孩子基因所对应的连续型性状值，g_i表示该家庭中父母双方的基因型。$x_i, y_i, g_i^P, g_i^M \in \{0,1,2\}$，表示目标SNP的次等位基因的个数，分别表示三种不同的基因型。

对于纯合子样本（X=0,2），其来自父母双方的两个等位基因是相同的，而对于杂合子样本（X=1），其来自父母双方的两个等位基因是不同的，则等位基因带来的效应就与等位基因的父母来源有关系。在核心家庭数据中，因为每个孩子的父母的基因型是已知的，这时可以得到更多的辅助信息，使得一部分杂合子样本也能够确定其等位基因的父母来源。

表5-1列出了核心家庭中杂合子孩子等位基因的来源情况。表中的“1”表示次等位基因来自父亲，“0”表示次等位基因来自母亲，“*”表示次等位基因的来源不确定，“-”表示父母与孩子的基因型不相容。可以看出，当 $G^P > G^M$ 时，可以确定次等位基因来自父亲。当 $G^P < G^M$ 时，能够确定次等位基因来自母亲。只有当孩子及其父亲、母亲同时都为杂合子，即X=1且 $G=(G^P,G^M)=(1,1)$时，不能确定哪个等位基因来自父亲，哪个来自母亲。

表5-1　　**核心家庭中杂合子孩子等位基因的父母来源**

	(G^P,G^M)								
	(0,0)	(0,1)	(0,2)	(1,0)	(1,1)	(1,2)	(2,0)	(2,1)	(2,2)
X=1	-	0	0	1	*	1	1	0	-

对核心家庭数据，样本可以被分为五组子样本，分别记为：

$$\begin{cases} y_{01}, y_{02}, \cdots, y_{0n_0}, & X=0 \\ y_{111}, y_{112}, \cdots y_{11n_{11}}, & X=1, G^P > G^M \\ y_{121}, y_{122}, \cdots y_{12n_{12}}, & X=1, G=(1,1) \\ y_{131}, y_{132}, \cdots, y_{13n_{13}}, & X=1, G^P < G^M \\ y_{21}, y_{22}, \cdots, y_{2n_2}, & X=2 \end{cases}$$

其中，五组子样本的样本量分别为n_0，n_{11}，n_{12}，n_{13}，n_2，令杂合子样本的样本量为$n_1=n_{11}+n_{12}+n_{13}$，则有$n=n_0+n_1+n_2$。

对子样本X=1且G=（1,1），定义潜在变量H，H=0或1分别表示次等位基因的两个不同的来源。假定在给定X，G和H时，性状值Y服从正态分布。因此，对子样本X=0和X=2，以及X=1，$G^P > G^M$和X=1，

$G^P < G^M$，Y都服从正态分布。而对子样本X=1，G=（1,1），Y服从一个两成分的混合正态分布，其混合比例 $\pi = Pr(H=1) = 1 - Pr(H=0)$。在这一节中考虑两成分的方差是相等的，进一步假定SNP对性状Y有可加效应，则模型可表示为：

$$
\begin{aligned}
&Y|X = 0 \sim N(\mu_0, \sigma_0^2) \\
&Y|X = 1, G^P > G^M \sim N(\mu_0 + \beta^P, \sigma_1^2) \\
&Y|X = 1, G = (1,1) \sim \pi N(\mu_0 + \beta^P, \sigma_1^2) + (1-\pi) N(\mu_0 + \beta^M, \sigma_1^2) \qquad (5.1) \\
&Y|X = 1, G^P < G^M \sim N(\mu_0 + \beta^P, \sigma_1^2) \\
&Y|X = 2 \sim N(\mu_0 + \beta^P + \beta^M, \sigma_1^2)
\end{aligned}
$$

其中，μ_0为截距项，β^P与β^M分别为次等位基因来自父亲和母亲的可加效应，σ_0^2，σ_1^2，σ_2^2为方差参数。这个模型与第2章中的模型（2.1）相比，对纯合子模型假设是一样的；对杂合子样本，又分成三个子样本，其中两部分符合正态模型，另一部分符合混合正态模型，相当于符合混合正态模型的样本减少了。这也是有了父母的信息后，辅助信息增多的结果。

令参数$\mu_{11} = \mu_0 + \beta^P$，$\mu_{12} = \mu_0 + \beta^M$，$\mu_2 = \mu_0 + \beta^P + \beta^M$，并且当$\beta = \beta^P = \beta^M$时，令$\mu_1 = \mu_0 + \beta$。这时的对数似然函数为：

$$
\begin{aligned}
\ell_n(\theta, \pi) = &\sum_{i=1}^{n_0} \log \phi(y_{0i}; \mu_0, \sigma_0^2) + \sum_{i=1}^{n_2} \log \phi(y_{2i}; \mu_2, \sigma_2^2) \\
&+ \sum_{i=1}^{n_{11}} \log \phi(y_{11}; \mu_{11}, \sigma_1^2) + \sum_{i=1}^{n_{13}} \log \phi(y_{13i}; \mu_{12}, \sigma_1^2) \\
&+ \sum_{i=1}^{n_{12}} \log \phi\{\pi\phi(y_{12}; \mu_{11}, \sigma_1^2) + (1-\pi)\phi(y_{12i}; \mu_{12}, \sigma_1^2)\} \\
\triangleq\ &\ell_{on}(\mu_0, \sigma_0) + \ell_{2n}(\mu_2, \sigma_2) \\
&+ \ell_{11n}(\mu_{11}, \sigma_1) + \ell_{13n}(\mu_{12}, \sigma_1) + \ell_{1n}(\Psi, \sigma_1)
\end{aligned} \qquad (5.2)
$$

其中，$\theta = (\mu_0, \beta^P, \beta^M, \sigma_0^2, \sigma_1^2, \sigma_2^2)^\tau$记为除混合比例参数$\pi$外其余所有的参数，$\Psi(\mu)$为一个两点分布的分布函数：

$$
\Psi(\mu) = \pi I(\mu_{11} \leqslant \mu) + (1-\pi) I(\mu_{12} \leqslant \mu)
$$

5.1.2 参数的估计及其相合性

从模型（5.1）中可以看出，有了父母的信息后，孩子等位基因不确定的样本相对减少。由于有第二组和第四组子样本的存在，参数β^P与β^M也不再具有对称性。因此，在本节中不需要再对参数做任何限制，就可以保证参数的可识别性。因为对第三组子样本假设其连续型性状符合混合正态模型，参数的MLE仍然需要用EM算法来计算。

在子样本$X=1$，$G=(1,1)$中，若潜在变量H可以观测到，记为h_i，$i=1,2,\cdots,n_{12}$，则完全对数似然函数为：

$$
\begin{aligned}
p\ell_n^c(\theta,\pi) = & \sum_{i=1}^{n_0}\log\phi(y_{0i};\mu_0,\sigma_0^2)+\sum_{i=1}^{n_2}\log\phi(y_{2i};\mu_2,\sigma_2^2) \\
& +\sum_{i=1}^{n_{11}}\log\phi(y_{11};\mu_{11},\sigma_1^2)+\sum_{i=1}^{n_{13}}\log\phi(y_{13i};\mu_{12},\sigma_1^2) \\
& +\sum_{i=1}^{n_{12}}h_i\log\phi(y_{12};\mu_{11},\sigma_1^2)+\sum_{i=1}^{n_{12}}(1-h_i)\log\phi(y_{12i};\mu_{12},\sigma_1^2) \\
& +\{\sum_{i=1}^{n_{12}}h_i\}\log\pi+\{\sum_{i=1}^{n_{12}}(1-h_i)\}\log(1-\pi)
\end{aligned}
$$

EM算法E步中$p\ell_n^c(\theta,\pi)$的条件期望为：

$$
\begin{aligned}
& Q(\theta,\pi,\theta^{(t)},\pi^{(t)}) \\
= & \sum_{i=1}^{n_0}\log\phi(y_{0i};\mu_0,\sigma_0^2)+\sum_{i=1}^{n_2}\log\phi(y_{2i};\mu_2,\sigma_2^2) \\
& +\sum_{i=1}^{n_{11}}\log\phi(y_{11};\mu_{11},\sigma_1^2)+\sum_{i=1}^{n_{13}}\log\phi(y_{13i};\mu_{12},\sigma_1^2) \\
& +\sum_{i=1}^{n_{12}}\gamma_i^{(t)}\log\phi(y_{12};\mu_{11},\sigma_1^2)+\sum_{i=1}^{n_{12}}(1-\gamma_i^{(t)})\log\phi(y_{12i};\mu_{12},\sigma_1^2) \\
& +\{\sum_{i=1}^{n_{12}}\gamma_i^{(t)}\}\log\pi+\{\sum_{i=1}^{n_{12}}(1-\gamma_i^{(t)})\}\log(1-\pi)
\end{aligned}
$$

其中

$$
\gamma_i^{(t)}=\frac{\pi^{(t)}\phi(y_{12i};\mu_{11}^{(t)},(\sigma_1^2)^{(t)})}{\pi^{(t)}\phi(y_{12i};\mu_{11}^{(t)},(\sigma_1^2)^{(t)})+(1-\pi^{(t)})\phi(y_{12i};\mu_{12}^{(t)},(\sigma_1^2)^{(t)})}
$$

为h_i的条件期望。

在M步中，仍然要求参数θ和π，使得$Q(\theta,\pi,\theta^{(t)},\pi^{(t)})$达到最大。

具体的参数更新迭代公式通过类似于2.2节中的计算可以得到，这里不再详细求解。

经过上述E步、M步的迭代，当对数似然函数（5.2）不再增加时，EM算法收敛，就可以获得参数的MLE。

下面讨论参数MLE的相合性。首先，由模型（5.1）可知，由符合通常正态模型的四组子样本就可以保证参数θ的MLE是相合的。这也显示了辅助信息强大的作用。其次，对于混合比例π的MLE，当参数真值满足$\beta^P=\beta^M$时，模型中符合混合正态模型的一部分也将退化成为单一正态模型。此时，参数π的真值可以是［0,1］中的任意值。因此，$\hat{\pi}$是不收敛的，也就没有相合性。当参数真值满足$\beta^P=\beta^M$时，由$\hat{\mu}_0$，$\hat{\beta}^P$，$\hat{\beta}^M$的相合性可知无论π的真值是什么，都可以推断出$\hat{\pi}$是π的相合估计。

以上分析可以总结为下面的定理：

定理5.1 设$y_{01},y_{02},\cdots,y_{0n_0}$，$y_{21},y_{22},\cdots,y_{2n_2}$，$y_{111},y_{112},\cdots,y_{11n_{11}}$，$y_{212},y_{122},\cdots,y_{12n_{12}}$，$y_{131},y_{132},\cdots,y_{13n_{13}}$为来自模型（5.1）的随机样本。$(\hat{\theta},\hat{\pi})$为基于对数似然函数（5.2）下参数的极大似然估计。假定样本量$n=n_0+n_1+n_2\to\infty$，$n_j/n\to\rho_j>0$，$n_{1k}/n_1\to\rho_{1k}>0$，j=0,1,2，k=1,2,3。

（1）若$\beta^P\neq\beta^M$，则$(\hat{\theta},\hat{\pi})$是(θ,π)的相合估计；

（2）若$\beta=\beta^P=\beta^M$，则$\hat{\theta}$是$\theta=(\mu_0,\beta,\beta,\sigma_0^2,\sigma_1^2,\sigma_2^2)$的相合估计。

证明 仍然用上标*来表示参数的真值。对任意的$\varepsilon>0$，令

$$A_0=\{(\theta,\pi):|\mu_0-\mu_0^*|+|\sigma_0-\sigma_0^*|\leqslant\varepsilon\}$$
$$A_1=\{(\theta,\pi):|\mu_{11}-\mu_{11}^*|+|\sigma_1-\sigma_1^*|\leqslant\varepsilon\}$$
$$A_{12}=\{(\theta,\pi):|\Gamma-\Gamma^*|\leqslant\varepsilon\}$$
$$A_{13}=\{(\theta,\pi):|\mu_{12}-\mu_{12}^*|+|\sigma_1-\sigma_1^*|\leqslant\varepsilon\}$$
$$A_2=\{(\theta,\pi):|\mu_2-\mu_2^*|+|\sigma_2-\sigma_2^*|\leqslant\varepsilon\}$$

与定理2.1类似，可以知道，四组符合单一成分正态模型的子样本，对任意的$\varepsilon>0$，都存在$\rho>0$，使得下面的式子几乎处处成立：

$$\sup_{A_0^C} \ell_{0n}(\mu_0,\sigma_0) - \ell_{0n}(\mu_0^*,\sigma_0^*) \leqslant -n_0\rho$$

$$\sup_{A_{11}^C} \ell_{11n}(\mu_{11},\sigma_1) - \ell_{11n}(\mu_{11}^*,\sigma_1^*) \leqslant -n_{11}\rho$$

$$\sup_{A_{13}^C} \ell_{13n}(\mu_{12},\sigma_1) - \ell_{13n}(\mu_{12}^*,\sigma_1^*) \leqslant -n_{13}\rho$$

$$\sup_{A_2^C} \ell_{2n}(\mu_2,\sigma_2) - \ell_{2n}(\mu_2^*,\sigma_2^*) \leqslant -n_2\rho$$

对符合混合正态模型的子样本，有：

$$\sup_{A_2^C} \ell_{12n}(\Psi,\sigma_1) - \ell_{12n}(\Psi^*,\sigma_1^*) \leqslant -n_{12}\rho$$

同时，由重对数定律以及 Liu & Shao（2004）[38] 的证明可知：

$$\sup_{A_0} \ell_{0n}(\mu_2,\sigma_2) - \ell_{0n}(\mu_2^*,\sigma_2^*) \leqslant O(\{n_0 \log\log n_0\}^{1/2})$$

$$\sup_{A_{11}} \ell_{11n}(\mu_{11},\sigma_1) - \ell_{11n}(\mu_{11}^*,\sigma_1^*) \leqslant O(\{n_{11}\log\log n_{11}\}^{1/2})$$

$$\sup_{A_{13}} \ell_{13n}(\mu_{12},\sigma_1) - \ell_{13n}(\mu_{12}^*,\sigma_1^*) \leqslant O(\{n_{13}\log\log n_{13}\}^{1/2})$$

$$\sup_{A_2} \ell_{2n}(\mu_2,\sigma_2) - \ell_{2n}(\mu_2^*,\sigma_2^*) \leqslant O(\{n_2\log\log n_2\}^{1/2})$$

$$\sup_{A_{12}} \ell_{12n}(\Psi,\sigma_1) - \ell_{12n}(\Psi^*,\sigma_1^*) \leqslant O(\log\log n_1)$$

由上面的式子可以断定：

$$(\hat{\theta},\hat{\pi}) \in A_0 \cap A_{11} \cap A_{12} \cap A_{13} \cap A_2$$

事实上，若$(\hat{\theta},\hat{\pi})$不属于其中一个集合，例如$(\hat{\theta},\hat{\pi}) \notin A_0$，则：

$$\ell_n(\hat{\theta},\hat{\pi}) - \ell_n(\theta^*,\pi^*) \leqslant -n_0\rho + o(n)$$

当样本量 $n = n_0 + n_1 + n_2 \to \infty$，且 $n_j/n \to \rho_j > 0$，$n_{1k}/n_1 \to \rho_{1k} > 0, j = 0,1,2$，$k=1,2,3$时，$(\hat{\theta},\hat{\pi})$将不是最大似然估计。

由 ε 的任意性，以及 A_0，A_{11}，A_{13}，A_2 的定义，可知 $\hat{\mu}_0 \to \hat{\mu}$，$\hat{\mu}_{11} \to \hat{\mu}_{11}^*$，$\hat{\mu}_{12} \to \hat{\mu}_{12}^*$，$\hat{\mu}_2 \to \hat{\mu}_2^*$ 以及 $\hat{\sigma}_j \to \hat{\sigma}_j^*$，$j=0,1,2$。又根据 A_{12} 的定义可得，当 $\beta^{*P} \neq \beta^{*M}$ 时，有 $\hat{\pi} \to \pi^*$。因此，可以得到定理 5.1 的结论。

由定理 5.1 的结论可以看出，无论参数真值满足哪一种情况，$\hat{\theta}$ 都是 θ 的相合估计。这一结果与辅助信息的作用是分不开的，同时也为进一步讨论似然比统计量的极限分布提供了基础。

5.1.3 似然比检验

对本章中定义的模型（5.1），检验问题与2.3节中的检验问题是一样的，都为

$$H_0:\beta^P=\beta^M \quad vs \quad \beta^P\neq\beta^M \tag{5.3}$$

在原假设下，模型退化为简单情形，其中对杂合子样本（X=1）的三组子样本可以合并为一组，记为$y_{11},y_{12},\cdots,y_{1n_1}$。这样，五组子样本就变成了三组，并且这三组子样本都服从单一成分的正态分布。这时，对数似然函数变为：

$$\bar{\ell}_n(\varphi)=\sum_{i=1}^{n}\log\phi(y_i;\mu_0+x_i\beta,\sigma_{x_i}^2)$$

其中，参数$\varphi=(\mu_0,\beta,\sigma_0^2,\sigma_1^2,\sigma_2^2)^\tau$。

定义似然比统计量为：

$$R_n=2\{\ell_n(\hat{\theta},\hat{\pi})-\tilde{\ell}_n(\varphi)\} \tag{5.4}$$

其中，$\hat{\varphi}$为原假设成立时参数的MLE，$(\hat{\theta},\hat{\pi})$为全空间下参数的MLE。

在第2章中，两组纯合子样本为混合模型中的均值参数μ_0，μ_2提供了明显的辅助信息，使得参数的MLE有了相合性，并且似然比检验统计量有混合卡方的极限分布。在本章中，有了父母的数据，辅助信息将更多，进一步对参数μ_{11}，μ_{12}都能够提供信息。因此，似然比检验统计量的极限分布将会更简单、更易使用。下面的定理将给出统计量R_n的极限分布：

定理 5.2 设$y_{01},y_{02},\cdots,y_{0n_0}$，$y_{21},y_{22},\cdots,y_{2n_2}$，$y_{111},y_{112},\cdots,y_{11n_{11}}$，$y_{121},y_{122},\cdots,y_{12n_{12}}$，$y_{131},y_{132},\cdots,y_{13n_{13}}$为来自模型（5.1）的随机样本。$(\hat{\theta},\hat{\pi})$为基于对数似然函数（5.2）的极大似然估计，$\hat{\varphi}$为在原假设成立时参数的MLE。假定样本量$n=n_0+n_1+n_2\to\infty$，且$n_j/n\to\rho_j>0$，$n_{1k}/n_1\to\rho_j>0$，j=0,1,2，k=1,2,3。当原假设成立时，LRT统计量（5.4）的极限分布为：

$$R_n\sim\chi_1^2 \tag{5.5}$$

证明 将似然比统计量R_n分解成如下两个部分：

$$
\begin{aligned}
R_n &= 2\{\ell_n(\hat{\theta},\hat{\pi}) - \tilde{\ell}_n(\hat{\varphi})\} \\
&= 2\{\ell_n(\hat{\theta},\hat{\pi}) - \ell_n(\theta^*,\hat{\pi})\} - 2\{\tilde{\ell}_n(\hat{\varphi}) - \tilde{\ell}_n(\varphi^*)\} \\
&\triangleq R_{1n} - R_{2n}
\end{aligned}
$$

对第一部分 R_{1n}，根据五组子样本可以分为五个子部分：

$$
\begin{aligned}
R_{1n} &= 2\{\ell_{on}(\hat{\mu}_0,\hat{\sigma}_0) - \ell_{0n}(\hat{\mu}_0^*,\hat{\sigma}_0^*)\} + 2\{\ell_{2n}(\hat{\mu}_2,\hat{\sigma}_2) - \ell_{2n}(\hat{\mu}_2^*,\hat{\sigma}_2^*)\} \\
&= 2\{\ell_{11n}(\hat{\mu}_{11},\hat{\sigma}_1) - \ell_{11n}(\hat{\mu}_{11}^*,\hat{\sigma}_1^*)\} + 2\{\ell_{13n}(\hat{\mu}_{12},\hat{\sigma}_1) - \ell_{13n}(\hat{\mu}_{12}^*,\hat{\sigma}_1^*)\} \\
&\quad +2\{\ell_{12n}(\hat{\Psi},\hat{\sigma}_1) - \ell_{12n}(\Psi^*,\hat{\sigma}_1^*)\}
\end{aligned}
$$

对观测样本（x_i,y_i），$i=1,2,\cdots,n$，（a_i,b_i,c_i,d_i）仍然沿用定理2.2证明中的记号。对五组子样本，定义

$$
(\bar{z}_{aj},\bar{z}_{bj},\bar{z}_{cj},\bar{z}_{dj}) = n_j^{-1}\sum_{i:x_i=j}(a_i,b_i,c_i,d_i)
$$

$$
(\bar{z}_{a1k},\bar{z}_{b1k},\bar{z}_{c1k},\bar{z}_{d1k}) = n_{1k}^{-1}\sum_{i\in\Omega_k}(a_i,b_i,c_i,d_i)
$$

其中，$\Omega_k = \{i:x_i = 1, \mathrm{sign}(g_i^M - g_i^G) = k-2\}$，k=1,2,3表示在杂合子样本中其父母基因型的三种情况，($g_i^P > g_i^M, g_i^P < g_i^M, g_i^P = g_i^M = 1$)，j=0,1,2表示X的三种取值。又令

$$
\bar{\mu}_0 = (\mu_0 - \mu_0^*)/\sigma_0^*,\quad \bar{\mu}_2 = (\mu_2 - \mu_2^*)/\sigma_2^*
$$

$$
\bar{\mu}_{11} = (\mu_{11} - \mu_{11}^*)/\sigma_1^*,\quad \bar{\mu}_{12} = (\mu_{12} - \mu_{12}^*)/\sigma_1^*
$$

以及

$$
\bar{\sigma}_0 = (\sigma_0 - \sigma_0^*)/\sigma_0^*,\quad \bar{\sigma}_1 = (\sigma_1 - \sigma_1^*)/\sigma_1^*,\quad \bar{\sigma}_2 = (\sigma_2 - \sigma_2^*)/\sigma_2^*
$$

类似于定理2.2的证明，五个部分在参数真值处的展开式分别为：

$$
\begin{aligned}
\ell_{0n} &= (\mu_0,\sigma_0) - \ell_{0n}(\mu_0^*,\sigma_0^*) \\
&= n_0\{(\bar{z}_{a0}\bar{\mu}_0 + \bar{z}_{b0}\bar{\sigma}_0) - (\bar{\mu}_0^2 + 2\bar{\sigma}_0^2)/2\} + n_0 o_p(\bar{\mu}_0^2 + \bar{\sigma}_0^2)
\end{aligned}
$$

$$
\begin{aligned}
\ell_{2n} &= (\mu_2,\sigma_2) - \ell_{2n}(\mu_2^*,\sigma_2^*) \\
&= n_2\{(\bar{z}_{a2}\bar{\mu}_2 + \bar{z}_{b2}\bar{\sigma}_2) - (\bar{\mu}_2^2 + 2\bar{\sigma}_2^2)/2\} + n_2 o_p(\bar{\mu}_2^2 + \bar{\sigma}_2^2)
\end{aligned}
$$

$$
\begin{aligned}
\ell_{11n} &= (\mu_{11},\sigma_1) - \ell_{11n}(\mu_{11}^*,\sigma_1^*) \\
&= n_{11}\{(\bar{z}_{a11}\bar{\mu}_{11} + \bar{z}_{b11}\bar{\sigma}_1) - (\bar{\mu}_{11}^2 + 2\bar{\sigma}_1^2)/2\} + n_{11} o_p(\bar{\mu}_{11}^2 + \bar{\sigma}_1^2)
\end{aligned}
$$

$$
\begin{aligned}
\ell_{13n} &= (\mu_{12},\sigma_1) - \ell_{13n}(\mu_{12}^*,\sigma_1^*) \\
&= n_{13}\{(\bar{z}_{a13}\bar{\mu}_{12} + \bar{z}_{b13}\bar{\sigma}_1) - (\bar{\mu}_{12}^2 + 2\bar{\sigma}_1^2)/2\} + n_{13} o_p(\bar{\mu}_{12}^2 + \bar{\sigma}_1^2)
\end{aligned}
$$

和

$$\begin{aligned}
&\ell_{12n}(\Psi,\sigma_1)-\ell_{12n}(\Psi^*,\sigma_1^*)\\
&\leqslant n_{12}\{\bar{z}_{a12}s_1+\bar{z}_{b12}s_2+\bar{z}_{c12}s_3+\bar{z}_{d12}s_4\}\\
&\quad-(n_{12}/2\{s_1^2+2s_2^2+s_3^2/6+s_4^2/24\}\{1+o_p(1)\}+o_p(1))
\end{aligned}\tag{5.6}$$

其中，s_1，s_2，s_3和s_4的定义同定理2.2证明中的定义一样。

从以上五个展开式，可以知道要使似然函数最大，参数需要满足：

$$(\bar{\mu}_0,\bar{\mu}_{11},\bar{\mu}_{12},\bar{\mu}_2,\bar{\sigma}_0,\bar{\sigma}_1,\bar{\sigma}_2,s_1,s_2,s_3,s_4)=O_p(n^{-1/2})$$

由$\bar{\mu}_{11}=O_p(n^{-1/2})$和$\bar{\mu}_{12}=O_p(n^{-1/2})$，可知：

$$m_2=\pi\bar{\mu}_{11}^2+(1-\pi)\bar{\mu}_{12}^2=o_p(n^{-1/2})$$

$$m_3=\pi\bar{\mu}_{11}^3+(1-\pi)\bar{\mu}_{12}^3=o_p(n^{-1/2})$$

$$m_4=\pi\bar{\mu}_{11}^4+(1-\pi)\bar{\mu}_{12}^4=o_p(n^{-1/2})$$

又由$\bar{\sigma}_1=O_p(n^{-1/2})$，可得：

$$\begin{aligned}
s_2&=\{m_2+(\sigma_1/\sigma_1^*)^2-1\}/2\\
&=(\bar{\sigma}_1^2+2\bar{\sigma}_1)/2+o_p(n^{-1/2})=\bar{\sigma}_1+o_p(n^{-1/2})
\end{aligned}$$

$$s_3=m_3=o_p(n^{-1/2})$$

$$s_4=m_4-3m_2^2=o_p(n^{-1/2})$$

所以在展开式（5.6）中$s_3=o_p(n^{-1/2})$，$s_4=o_p(n^{-1/2})$以及s_2中的$o_p(n^{-1/2})$都可以被忽略，进而展开式（5.10）可被简化为：

$$\begin{aligned}
&\ell_{12n}(\Psi,\sigma_1)-\ell_{12n}(\Psi^*,\sigma_1^*)\\
&\leqslant n_{12}\{\bar{z}_{a12}s_1+\bar{z}_{b12}\bar{\sigma}_1\}\\
&\quad-(n_{12}/2)\{s_1^2+2\bar{\sigma}_1^2\}\{1+o_p(1)\}+o_p(1)
\end{aligned}\tag{5.7}$$

合并五个展开式，可得：

$$\begin{aligned}
&\ell_n(\theta,\hat{\pi})-\ell_n(\theta^*,\hat{\pi})\\
&\leqslant\bar{z}_a^\tau NA_1\bar{\zeta}-(1/2)\bar{\zeta}A_1^\tau NA_1\bar{\zeta}\\
&\quad+\bar{z}_a^\tau NB_1\bar{\sigma}-\bar{\sigma}^\tau B_1^\tau NB_1\bar{\sigma}+no_p(\|\bar{\zeta}\|^2+\|\bar{\sigma}\|^2)
\end{aligned}\tag{5.8}$$

其中的记号分别为：

$\bar{z}_a=(\bar{z}_{a0},\bar{z}_{a11},\bar{z}_{a12},\bar{z}_{a13},\bar{z}_{a2})^\tau$，$\bar{z}_b=(\bar{z}_{b0},\bar{z}_{b11},\bar{z}_{b12},\bar{z}_{b13},\bar{z}_{b2})^\tau$

$N=(\mathrm{diag}\{n_0,n_{11},n_{12},n_{13},n_2\}$

$\bar{\zeta}=(\bar{\mu}_0,\beta^P,\beta^M)^\tau$，$\bar{\beta}^P=(\beta^P-\beta^*)/\sigma_0^*$，$\bar{\beta}^M=(\beta^M-\beta^*)/\bar{\sigma}_0^*$

$\bar{\sigma}=(\bar{\sigma}_0,\bar{\sigma}_1,\bar{\sigma}_2)^\tau$

$$A_1=\begin{pmatrix}1&0&0\\ \sigma_0^*/\sigma_1^*&\sigma_0^*/\sigma_1^*&0\\ \sigma_0^*/\sigma_1^*&\pi\sigma_0^*/\sigma_1^*&(1-\pi)\sigma_0^*/\sigma_1^*\\ \sigma_0^*/\sigma_1^*&0&\sigma_0^*/\sigma_1^*\\ \sigma_0^*/\sigma_2^*&0&\sigma_0^*/\sigma_2^*\end{pmatrix},\quad B=\begin{pmatrix}1&0&0\\0&1&0\\0&1&0\\0&1&0\\0&0&1\end{pmatrix}$$

要使（5.8）式右边达到最大，参数要满足：

$\bar{\zeta}(A_1^\tau NA_1)^{-1}A_1^\tau N\bar{z}_a$

和

$\bar{\sigma}(1/2)(B_1^\tau NB_1)^{-1}B_1^\tau N\bar{z}_b$

显然，无论参数 π 取何值，A_1 和 B_1 都是秩为 3 的矩阵，所以 $(A_1^\tau NA_1)^{-1}$ 与 $(B_1^\tau NB_1)^{-1}$ 都是存在的，也就是说使得（5.8）式最大的参数 $\bar{\zeta}$ 和 $\bar{\sigma}$ 都存在。因此，当参数取上述最大值点时，（5.8）式将变成等式，此时的统计量 R_{1n} 为：

$$\begin{aligned}R_{1n}&=2\{\ell_n(\hat{\theta},\hat{\pi})=\ell_n(\theta^*,\hat{\pi})\}\\&=z_1^\tau N\hat{A}_1(\hat{A}_1^\tau N\hat{A}_1)^{-1}\hat{A}_1^\tau N\bar{z}_a\\&\quad+(1/2)\bar{z}_b^\tau NB_1(B_1^\tau NB_1)^{-1}B_1^\tau N\bar{z}_b+o_p(1)\end{aligned}$$

其中的 $\hat{A}_1$ 是将 $\hat{\pi}$ 代入 A_1 中得到的矩阵。

对第二部分 R_{2n}，在原假设成立下，五组子样本都服从正态模型，且对杂合子的三组子样本模型相同。对五部分对数似然函数分别泰勒展开，再合并可以得到：

$$\begin{aligned}&\tilde{\ell}_n(\varphi)-\tilde{\ell}_n(\varphi^*)\\&\leqslant\bar{z}_a^\tau NA_2\bar{\zeta}-(1/2)\bar{\zeta}^\tau A_2^\tau NA_2\bar{\zeta}\\&\quad+\bar{z}_b^\tau NB_1\bar{\sigma}-\bar{\sigma}^\tau B_1^\tau NB_1\bar{\sigma}+no_p(\|\bar{\zeta}\|^2+\|\bar{\sigma}\|^2)\end{aligned}\tag{5.9}$$

其中

$\bar{\zeta}=(\bar{\mu}_0,\beta)^\tau,\ \bar{\beta}=(\beta-\beta^*)/\sigma_0^*$

$$A_2=\begin{pmatrix}1&0\\ \sigma_0^*/\sigma_1^*&\sigma_0^*/\sigma_1^*\\ \sigma_0^*/\sigma_1^*&\sigma_0^*/\sigma_1^*\\ \sigma_0^*/\sigma_1^*&\sigma_0^*/\sigma_1^*\\ \sigma_0^*/\sigma_2^*&\sigma_0^*/\sigma_2^*\end{pmatrix}$$

使（5.9）式最大的参数值为：

$$\bar{\zeta}=(A_2^\tau N A_2)^{-1}A_2^\tau N\bar{z}_a$$

和

$$\bar{\sigma}=(1/2)(B_1^\tau N B_1)^{-1}B_1^\tau N\bar{z}_b$$

显然，A_2是秩为2的矩阵，并且与矩阵$\hat{A}_1$有下面的关系：

$$A_2=\hat{A}_1\begin{pmatrix}1&0\\0&1\\0&1\end{pmatrix}=\hat{A}_1T_1$$

所以对参数$\bar{\zeta}$有：

$$\bar{\zeta}=(T_1^\tau\hat{A}_1^\tau N\hat{A}_1T_1)^{-1}T_1^\tau\hat{A}_1^\tau N\bar{z}_a$$

代入（5.9）式可得：

$$\begin{aligned}R_{2n}&=2\{\tilde{\ell}_n(\varphi)-\tilde{\ell}_n(\varphi^*)\}\\&=\bar{z}_a^\tau N\hat{A}_1T_1(T_1^\tau\hat{A}_1^\tau N\hat{A}_1T_1)^{-1}T_1^\tau\hat{A}_1^\tau N\bar{z}_a\\&\quad+(1/2)\bar{z}_b^\tau NB_1(B_1^\tau NB_1)^{-1}B_1^\tau N\bar{z}_b+o_p(1)\end{aligned}$$

令

$$\hat{S}_1=N^{1/2}\hat{A}_1(\hat{A}_1^\tau N\hat{A}_1)^{-1}\hat{A}_1^\tau N^{1/2}$$

$$\hat{S}_2=N^{1/2}\hat{A}_1T_1(T_1^\tau\hat{A}_1^\tau N\hat{A}_1T_1)^{-1}T_1^\tau\hat{A}_1^\tau N^{1/2}$$

则有：

$$R_n=R_{1n}-R_{2n}=\bar{z}_1^\tau N^{1/2}(\hat{S}_1-\hat{S}_2)N^{1/2}\bar{z}_a+o_p(1)$$

经过简单验证，可知$\hat{S}_1$，$\hat{S}_2$与$\hat{S}_1-\hat{S}_2$都是对称幂等矩阵，并且$\hat{S}_1$与$\hat{S}_2$的秩分别为3和2。又由中心极限定理可知，$N^{1/2}\bar{z}_a$渐近服从正态分布$N(0,I_5)$，因此可以得到统计量R_n的极限分布为χ_1^2。

显然，定理5.2的结果与经典统计学中似然比统计量的极限分布是一致的，都为χ_1^2。对第2章中的模型，由

$$\mu_n+\pi\beta^P+(1-\pi)\beta^M=\mu_0+0.5(\beta^P+\beta^M)+(0.5-\pi)(\beta^M-\beta^P)$$

可以知道三组子样本能够共同为$(0.5-\pi)(\beta^M-\beta^P)$提供信息，且有$(0.5-\pi)(\beta^M-\beta^P)=O_p(n^{-1/2})$。当$\pi\neq0.5$时，对$\beta^M-\beta^P$有充足的信息。

然而在本章基于核心家庭数据的混合模型中，不需要杂合子样本X=1，G=（1,1），只需要另外四组子样本就能够对参数β^P与β^M提供充足

的信息，并且可以得到参数的收敛速度为$\beta^P-\beta^M=O_p(n^{-1/2})$，$\beta^M-\beta^*=O_p(n^{-1/2})$，$\beta^*$表示在原假设下参数的真值。这样，参数的识别与参数估计的收敛情况由四组符合正态模型的子样本就可以完全决定，也说明了这时有足够的辅助信息使得符合混合正态模型的一组子样本不起决定性作用。因此，最终得到的似然比检验统计量的极限分布与经典统计理论中的一致。

设Robs为由观测数据计算而来的统计量值，假设检验的P值可以由以下公式来计算：

$$P=Pr(x_1^2>Robs)$$

在印记基因检验问题中，当P值小于某个检验水平时，可以推断该基因有印记发生。

另外，定理5.2中的极限分布相对于在第2章定理2.2中统计量的极限分布，自由度有所降低，从χ_1^2与χ_2^2的混合，降到了χ_1^2。在假设检验中，这将有利于检验功效的提高。在实际计算中，若样本量有限，为了较好地控制第一类错误，也可以对混合比例以及方差参数加惩罚来调节。选取满足条件C1，C2，C3，C5的惩罚函数将不会改变定理5.1与5.2的结论。

5.2 异方差情形

5.2.1 模型的建立

同等方差情形一样，仍然考虑有n个家庭的样本，其观测数据记为(x_i,g_i,y_i)，$i=1,2,\cdots,n$。其中的x_i，$g_i=(g_i^P,g_i^M)$分别表示第i个家庭中孩子和父母双方目标SNP的基因型，y_i表示孩子的某个连续型性状值。根据每个家庭中孩子及其父母基因型的取值，仍然把样本分为五组子样本，包括两组纯合子样本$y_{01},y_{02},\cdots,y_{0n_0}$与$y_{21},y_{22},\cdots,y_{2n_2}$，以及另外三组杂合子样本$y_{111},y_{112},\cdots,y_{11n_{11}}$;$y_{121},y_{122},\cdots,y_{12n_{12}}$与$y_{131},y_{132},\cdots,y_{13n_{13}}$。

对异方差情形，与模型（5.1）的假设类似，有下面的模型：

$$
\begin{aligned}
&Y|X=0 \sim N(\mu_0,\sigma_0^2)\\
&Y|X=1,G^P>G^M \sim N(\mu_0+\beta^P,\sigma_{11}^2)\\
&Y|X=1,G=(1,1)\sim \pi N(\mu_0+\beta^P,\sigma_{11}^2)+(1-\pi)N(\mu_0+\beta^M,\sigma_{12}^2)\\
&Y|X=1,G^P<G^M \sim N(\mu_0+\beta^M,\sigma_{12}^2)\\
&Y|X=2 \sim N(\mu_0+\beta^P+\beta^M,\sigma_2^2)
\end{aligned}
\tag{5.10}
$$

其中，μ_0，β^P与β^M为均值参数，σ_0^2，σ_{11}^2，σ_{12}^2，σ_2^2为方差参数，将这些参数合起来记为$\theta=(\mu_0,\beta^P,\beta^M,\sigma_0^2,\sigma_{11}^2,\sigma_{12}^2,\sigma_2^2)^\tau$。

与模型（5.1）不同的是，这里假定了在杂合子样本中，对等位基因来源不同的子样本对应的模型中有着不相同的方差参数。若此等位基因来自父亲，则对应的子样本满足的模型中的方差记为σ_{11}^2；若此等位基因来自母亲，则模型中的方差记为σ_{12}^2。沿用5.1节中的记号，对数似然函数可写为：

$$
\begin{aligned}
&\ell_n(\theta,\pi)\\
=&\sum_{i=1}^{n_0}\log\phi(y_{0i};\mu_0,\sigma_0^2)+\sum_{i=1}^{n_2}\log\phi(y_{2i};\mu_2,\sigma_2^2)\\
&+\sum_{i=1}^{n_{11}}\log\phi(y_{11i};\mu_{11},\sigma_{11}^2)+\sum_{i=1}^{n_{13}}\log\phi(y_{13i};\mu_{12},\sigma_{12}^2)\\
&+\sum_{i=1}^{n_{12}}\log\{\pi\phi(y_{12i};\mu_{11},\sigma_{11}^2)+(1-\pi)\phi(y_{12};\mu_{12},\sigma_{12}^2)\\
\triangleq&\ \ell_{0n}(\mu_0,\sigma_0)+\ell_{2n}(\mu_2,\sigma_2)\\
&+\ell_{11n}(\mu_{11},\sigma_{11})+\ell_{13n}(\mu_{12},\sigma_{12})+\ell_{1n}(\Gamma)
\end{aligned}
\tag{5.11}
$$

其中，$\Gamma(\mu,\sigma^2)$为一个二元两点分布的分布函数：

$$
\Gamma(\mu,\sigma^2)=\pi I(\mu_{11}\leqslant\mu,\sigma_{11}^2\leqslant\sigma^2)+(1-\pi)I(\mu_{12}\leqslant\mu,\sigma_{12}^2\leqslant\sigma^2)
$$

5.2.2 参数的估计及其相合性

异方差的假定更符合实际情况，但是在理论研究上有了新的挑战。同第3章中的情况类似，对模型（5.10），其似然函数同样是无界的。若取参数$\mu_{11}=y_{121}$，$\sigma_{12}\geqslant\varepsilon>0$和$0<\pi<1$，当$\sigma_{11}\to 0$时，对数似然函数（5.11）会趋于正无穷。为了解决似然无界的问题，采取同第3章相同的办法，对混合正态模型中的方差参数加惩罚，以致惩罚似然函数是有界的。记惩罚函数为：

$$p_n(\Gamma) = \tilde{p}_n(\sigma_{11}) + \tilde{p}_n(\sigma_{12})$$

则惩罚对数似然函数为：

$$p\ell_n(\theta,\pi) = \ell_n(\theta,\pi) + p_n(\Gamma)$$

惩罚函数的选取也同第3章的介绍一致，一方面是要使得基于惩罚似然函数估计的方差不为0，另一方面还要使得参数的PMLE仍然能够保持相合性，同时能够保证修正后的似然比检验统计量的极限分布也不受惩罚函数的影响。本章中$\tilde{p}_n(\sigma)$需要满足第3章中的条件C1，C2以及下面的条件C6：

C6. 对任意的$\sigma > 0$，都有$\tilde{p}_n'(\sigma) = o_p(n^{1/2})$。

条件C6是对第3章中条件C4的一个修改。这里由于有父母的辅助信息，可以为方差参数σ_{11}^2与σ_{12}^2提供更多的信息。因此，惩罚函数仅需要满足条件C6中的$\tilde{p}_n'(\sigma) = o_p(n^{1/2})$，而不再是条件C4中的$\tilde{p}_n'(\sigma) = o_p(n^{1/6})$。

另外，对模型（5.10），有了父母的辅助信息，第二组和第四组子样本能够使得参数（β^P,σ_{11}^2）和（β^M,σ_{12}^2）也不具有对称性。显然，当参数满足以下三种情况时，都能使子样本X=1且G=（1,1）的模型退化为单一正态模型：

I: $\pi = 0,(\beta^P, \sigma_{11}^2) \neq (\beta^M,\sigma_{12}^2)$

II: $\pi = 1,(\beta^P, \sigma_{11}^2) \neq (\beta^M,\sigma_{12}^2)$

III: $\pi(1-\pi) \neq 0,(\beta^P, \sigma_{11}^2) = (\beta^M,\sigma_{12}^2)$

然而因为模型（5.10）中有第二、第四两组子样本的存在，使得以上三种情况对应的模型都是不相同的。因此，这里不再需要对混合比例参数π来加惩罚函数，就可以保证参数的可识别性。这是与第3章中模型的一个区别。

基于惩罚似然参数的PMLE仍然需要利用EM算法来计算。假设在子样本X=1且G=（1,1）中潜在变量H的观测为h_i，$i=1,2,\cdots,n_{12}$，则完全惩罚对数似然函数为：

$$
\begin{aligned}
p\ell_n^c(\theta,\pi) = & \sum_{i=1}^{n_0}\log\phi(y_{0i};\mu_0,\sigma_0^2) + \sum_{i=1}^{n_2}\log\phi(y_{2i};\mu_2,\sigma_2^2) \\
& + \sum_{i=1}^{n_{11}}\log\phi(y_{11i};\mu_{11},\sigma_{11}^2) + \sum_{i=1}^{n_{13}}\log\phi(y_{13i};\mu_{12},\sigma_{12}^2) \\
& + \sum_{i=1}^{n_{12}}h_i\log\phi(y_{12i};\mu_{11},\sigma_{11}^2) + \sum_{i=1}^{n_{12}}(1-h_i)\log\phi(y_{12};\mu_{12},\sigma_{12}^2) \\
& +\{\sum_{i=1}^{n_{12}}h_i\}\log\pi + \{\sum_{i=1}^{n_{12}}(1-h_i)\}\log(1-\pi) \\
& +\tilde{p}_n(\sigma_{11}) + \tilde{p}_n(\sigma_{12})
\end{aligned}
$$

EM算法E步中$p\ell_n^c(\theta,\pi)$的条件期望，即Q函数为：

$$
\begin{aligned}
& Q(\theta,\pi,\theta^{(t)},\pi^{(t)}) \\
= & \sum_{i=1}^{n_0}\log\phi(y_{0i};\mu_0,\sigma_0^2) + \sum_{i=1}^{n_2}\log\phi(y_{2i};\mu_2,\sigma_2^2) \\
& + \sum_{i=1}^{n_{11}}\log\phi(y_{11i};\mu_{11},\sigma_{11}^2) + \sum_{i=1}^{n_{13}}\log\phi(y_{13i};\mu_{12},\sigma_{12}^2) \\
& + \sum_{i=1}^{n_{12}}\gamma_i^{(t)}\log\phi(y_{12i};\mu_{11},\sigma_{11}^2) + \sum_{i=1}^{n_{12}}(1-\gamma_i^{(t)})\log\phi(y_{12};\mu_{12},\sigma_{12}^2) \\
& +\{\sum_{i=1}^{n_{12}}\gamma_i^{(t)}\}\log\pi + \{\sum_{i=1}^{n_{12}}(1-\gamma_i^{(t)})\}\log(1-\pi) \\
& +\tilde{p}_n(\sigma_{11}) + \tilde{p}_n(\sigma_{12})
\end{aligned}
$$

其中

$$
\gamma_i^{(t)} = \frac{\pi^{(t)}\phi(y_{12i};\mu_{11}^{(t)},(\sigma_{11}^2)^{(t)})}{\pi^{(t)}\phi(y_{12i};\mu_{11}^{(t)},(\sigma_{11}^2)^{(t)} + (1-\pi^{(t)})\phi(y_{12i};\mu_{12}^{(t)},(\sigma_{12}^2)^{(t)})}
$$

为h_i的条件期望。

在M步中，更新参数θ和π，以使得Q函数$Q(\theta,\pi,\theta^{(t)},\pi^{(t)})$达到最大。具体的参数迭代公式通过类似于3.2节中的计算可以得到，这里不再详细求解。

经过上述E步、M步的迭代，当对数似然函数（5.11）不再增加时，EM算法收敛，就可以获得参数的MLE$(\hat{\theta},\hat{\pi})$。

下面讨论参数MLE的相合性。在模型（5.10）中，惩罚函数$p_n(\Gamma)$的存在能够使似然函数有上界。在此基础上，符合正态模型的四组子样本足以能够保证θ的MLE是相合的。符合混合正态模型的一组子样本不起决定作用。另外，对于混合比例π的MLE，与等方差情形的分析类似，当参数真值满足$(\beta^P,\sigma_{11}^2)=(\beta^M,\sigma_{12}^2)$时，参数$\pi$不可识别。当$(\beta^P,\sigma_{11}^2)\neq(\beta^M,\sigma_{12}^2)$时，结合子样本X=1且G=（1,1），由$\hat{\theta}$的相合性可知$\hat{\pi}$是相合的。

以上分析可以总结为下面的定理：

定理 5.3 设 $y_{01},y_{02},\cdots,y_{0n_0}$；$y_{21},y_{22},\cdots,y_{2n_2}$；$y_{111},y_{112},\cdots,y_{11n_{11}}$；$y_{121},y_{122},\cdots,y_{12n_{12}}$;$y_{131},y_{132},\cdots,y_{13n_{13}}$为来自模型（5.10）的随机样本。$(\hat{\theta},\hat{\pi})$为基于惩罚对数似然函数$p\ell_n(\theta,\pi)$的极大似然估计，其中的惩罚函数$\tilde{p}_n(\sigma)$满足条件C1和C2。假定样本量$n=n_0+n_1+n_2\to\infty$，且$n_j/n\to\rho_j>0$，$n_{1k}/n_1\to\rho_{1k}>0$，$j=0,1,2$，$k=1,2,3$。

（1）若参数真值满足$(\beta^P,\sigma_{11}^2)\neq(\beta^M,\sigma_{12}^2)$，则$(\hat{\theta},\hat{\pi})$是$(\theta,\pi)$的相合估计；

（2）若参数真值满足$(\beta^P,\sigma_{11}^2)=(\beta^M,\sigma_{12}^2)=(\beta,\sigma^2)$，则$\hat{\theta}$是$\theta=(\mu_0,\beta,\beta,\sigma_0^2,\sigma_{11}^2,\sigma_{12}^2,\sigma_2^2)^\tau$的相合估计。

定理5.3的证明与定理5.1类似，这里不再重复。

5.2.3 似然比检验

对本章中定义的模型（5.14），检验问题为：

$$H_0:(\beta^P,\sigma_{11}^2)=(\beta^M,\sigma_{12}^2)\quad \text{vs}\quad (\beta^P,\sigma_{11}^2)\neq(\beta^M,\sigma_{12}^2) \tag{5.12}$$

在原假设下，混合正态模型将退化成为单一的正态模型，模型中符合混合正态模型的一组子样本能够与另外两组杂合子样本合并为一组，记为$y_{11},y_{12},\cdots,y_{1n_1}$。

这时的对数似然函数变为：

$$\tilde{\ell}_n(\varphi)=\sum_{i=1}^{n}\log\varphi(y_i;\mu_0+x_i\beta,\sigma_{x_i}^2)$$

其中，参数$\varphi=(\mu_0,\beta,\sigma_0^2,\sigma_1^2,\sigma_2^2)^\tau$。

相应的惩罚对数似然函数为：

$$p\tilde{\ell}_n(\varphi)=\tilde{\ell}_n(\varphi)+2\tilde{p}_n(\sigma_1)$$

根据惩罚似然函数，定义修正的似然比统计量为：

$$R_n = 2\{\ell_n(\hat{\theta},\hat{\pi}) - \tilde{\ell}_n(\varphi)\} \tag{5.13}$$

其中，$\hat{\varphi}$，$(\hat{\theta},\hat{\pi})$分别为参数在原假设下以及全空间下基于惩罚似然函数的PMLE。

在第3章群体数据中异方差的混合模型中，纯合子样本作为辅助信息只为均值参数提供了信息，而对方差参数没有提供更多的信息。对于基于核心家庭数据的异方差的混合模型，有了父母的辅助信息，四组符合正态模型的子样本给均值参数以及方差参数都能带来充分的信息。这就使得似然比检验统计量有简单的极限分布。下面的定理将给出统计量R_n的极限分布。

定理 5.3 设 $y_{01},y_{02},\cdots,y_{0n_0}$；$y_{21},y_{22},\cdots,y_{2n_2}$；$y_{111},y_{112},\cdots,y_{11n_{11}}$；$y_{121},y_{122},\cdots,y_{12n_{12}}$;$y_{131},y_{132},\cdots,y_{13n_{13}}$为来自模型（5.10）的随机样本。$(\hat{\theta},\hat{\pi})$为基于惩罚对数似然函数$p\ell_n(\theta,\pi)$的极大似然估计，$\hat{\varphi}$为在原假设成立时参数的PMLE。假定样本量$n = n_0 + n_1 + n_2 \to \infty$，且$n_j/n \to \rho_j > 0$，$n_{1k}/n_1 \to \rho_{1k} > 0$，j=0,1,2，k=1,2,3。当原假设成立时，LRT统计量（5.13）的极限分布为：

$$R_n \sim \chi_2^2 \tag{5.14}$$

证明 将似然比统计量R_n分解成如下两个部分：

$$\begin{aligned} R_n &= 2\{\ell_n(\hat{\theta},\hat{\pi}) - \tilde{\ell}_n(\hat{\varphi})\} \\ &= 2\{\ell_n(\hat{\theta},\hat{\pi}) - \ell_n(\theta^*,\hat{\pi})\} - 2\{\tilde{\ell}_n(\hat{\varphi}) - \tilde{\ell}_n(\varphi^*)\} \\ &\triangleq R_{1n} - R_{2n} \end{aligned}$$

相应的惩罚似然比统计量分解如下：

$$\begin{aligned} \tilde{R}_n &= 2\{p\ell_n(\hat{\theta},\hat{\pi}) - p\tilde{\ell}_n(\hat{\varphi})\} \\ &= 2\{p\ell_n(\hat{\theta},\hat{\pi}) - p\ell_n(\theta^*,\hat{\pi})\} - 2\{p\tilde{\ell}_n(\hat{\varphi}) - p\tilde{\ell}_n(\varphi^*)\} \\ &\triangleq \tilde{R}_{1n} - \tilde{R}_{2n} \end{aligned}$$

对第一部分$\tilde{R}_{1n}$，类似于定理5.2的证明，五组子样本对应的五部分对数似然函数在真值处的展开式分别为：

$$\ell_{0n}(\mu_0,\sigma_0)-\ell_{0n}(\mu_0^*,\sigma_0^*)$$
$$=n_0\{(\bar{z}_{a0}\bar{\mu}_0+\bar{z}_{b0}\bar{\sigma}_0)-(\bar{\mu}_0^2+2\bar{\sigma}_0^2)/2\}+n_0o_p(\bar{\mu}_0^2+\bar{\sigma}_0^2)$$
$$\ell_{2n}(\mu_2,\sigma_2)-\ell_{2n}(\mu_2^*,\sigma_2^*)$$
$$=n_2\{(\bar{z}_{a2}\bar{\mu}_2+\bar{z}_{b2}\bar{\sigma}_2)-(\bar{\mu}_2^2+2\bar{\sigma}_2^2)/2\}+n_2o_p(\bar{\mu}_2^2+\bar{\sigma}_2^2)$$
$$\ell_{11n}(\mu_{11},\sigma_{11})-\ell_{11n}(\mu_{11}^*,\sigma_{11}^*)$$
$$=n_{11}\{(\bar{z}_{a11}\bar{\mu}_{11}+\bar{z}_{b11}\bar{\sigma}_{11})-(\bar{\mu}_{11}^2+2\bar{\sigma}_{11}^2)/2\}+n_{11}o_p(\bar{\mu}_{11}^2+\bar{\sigma}_{11}^2)$$
$$\ell_{13n}(\mu_{12},\sigma_{12})-\ell_{13n}(\mu_{12}^*,\sigma_{12}^*)$$
$$=n_{13}\{(\bar{z}_{a13}\bar{\mu}_{12}+\bar{z}_{b13}\bar{\sigma}_{12})-(\bar{\mu}_{12}^2+2\bar{\sigma}_{12}^2)/2\}+n_{12}o_p(\bar{\mu}_{12}^2+\bar{\sigma}_{12}^2)$$

和

$$\begin{aligned}&\ell_{12n}(\Gamma)-\ell_{12n}(\Gamma^*)\\ &\leqslant n_{12}\{\bar{z}_{a12}t_1+\bar{z}_{b12}t_2+\bar{z}_{c12}t_3+\bar{z}_{d12}t_4\}\\ &\quad-(n_{12}/2)\{t_1^2+2t_2^2+t_3^2/6+t_4^2/24\}\{1+o_p(1)\}+o_p(1)\end{aligned}\tag{5.15}$$

其中，t_1，t_2，t_3，t_4的定义同定理3.2证明中一样，$\bar{\sigma}_{11}=(\sigma_{11}-\sigma_{11}^*)/\sigma_{11}^*$，$\bar{\sigma}_{12}=(\sigma_{12}-\sigma_{12}^*)/\sigma_{12}^*$，其余记号都同定理5.2证明中的一致。在原假设成立时，有 $(\mu_{11}^*,\sigma_{11}^*)=(\mu_{12}^*,\sigma_{12}^*)=(\mu_0^*+\beta^*,\sigma_1^*)$。

从以上五个展开式，可以知道要使惩罚似然函数达到最大，参数需要满足：

$$(\bar{\mu}_0,\bar{\mu}_{11},\bar{\mu}_{12},\bar{\mu}_2,\bar{\sigma}_0,\bar{\sigma}_{11},\bar{\sigma}_{12},\bar{\sigma}_2,t_1,t_2,t_2,t_4)=O_p(n^{-1/2})$$

由 $\bar{\sigma}_{11}=O_p(n^{-1/2})$和$\bar{\sigma}_{12}=O_p(n^{-1/2})$，可知：

$$(\sigma_{11}/\sigma_1^*)^2-1=\bar{\sigma}_{11}^2+2\bar{\sigma}_{11}=2\bar{\sigma}_{11}+o_p(n^{-1/2})=O_p(n^{-1/2})$$
$$(\sigma_{12}/\sigma_1^*)^2-1=\bar{\sigma}_{12}^2+2\bar{\sigma}_{12}=2\bar{\sigma}_{12}+o_p(n^{-1/2})=O_p(n^{-1/2})$$

由 $\bar{\mu}_{11}=O_p(n^{-1/2})$和$\bar{\mu}_{12}=O_p(n^{-1/2})$，可知：

$$m_{2,0}=\pi\bar{\mu}_{11}^2+(1-\pi)\bar{\mu}_{12}^2=o_p(n^{-1/2})$$
$$m_{3,0}=\pi\bar{\mu}_{11}^3+(1-\pi)\bar{\mu}_{12}^3=o_p(n^{-1/2})$$
$$m_{4,0}=\pi\bar{\mu}_{11}^4+(1-\pi)\bar{\mu}_{12}^4=o_p(n^{-1/2})$$

以及

$$\begin{aligned}m_{0,1}&=\pi\{(\sigma_{11}/\sigma_1^*)^2-1\}+(1-\pi)\{(\sigma_{12}/\sigma_1^*)^2-1\}\\ &=2\pi\bar{\sigma}_{11}+2(1-\pi)\bar{\sigma}_{12}+o_p(n^{-1/2})\end{aligned}$$
$$m_{1,1}=\pi\bar{\mu}_{11}\{(\sigma_{11}/\sigma_1^*)^2-1\}+(1-\pi)\bar{\mu}_{12}\{(\sigma_{12}/\sigma_1^*)^2-1\}=o_p(n^{-1/2})$$
$$m_{2,1}=\pi\bar{\mu}_{11}^2\{(\sigma_{11}/\sigma_1^*)^2-1\}+(1-\pi)\bar{\mu}_{12}^2\{(\sigma_{12}/\sigma_1^*)^2-1\}=o_p(n^{-1/2})$$
$$m_{0,2}=\pi\{(\sigma_{11}/\sigma_1^*)^2-1\}^2+(1-\pi)\{(\sigma_{12}/\sigma_1^*)^2-1\}^2=o_p(n^{-1/2}))\}$$

其中，记号$m_{l,s}$，$l,s=0,1,2,3,4$的定义见3.3节。

所以有：

$$t_2=(m_{2,0}+m_{0,1})/2=\pi\bar{\sigma}_{11}+(1-\pi)\bar{\sigma}_{12}+o_p(n^{-1/2})$$
$$t_3=m_{3,0}+3m_{1,1}=o_p(n^{-1/2})$$
$$t_4=m_{4,0}+6m_{2,1}+3m_{0,2}=o_p(n^{-1/2})$$

进一步，可以将展开式（5.15）中的$t_3=o_p(n^{-1/2})$，$t_4=o_p(n^{-1/2})$忽略掉，得到：

$$\begin{aligned}&\ell_{12n}(\Gamma)-\ell_{12n}(\Gamma^*)\\ \leqslant\ & n_{12}\{\bar{z}_{a12}t_1+\bar{z}_{b12}t_2\}\\ &-(n_{12}/2)\{t_1^2+2t_2^2\}\{1+o_p(1)\}+o_p(1)\end{aligned} \tag{5.16}$$

合并五个展开式，可得：

$$\begin{aligned}&p\ell_n(\theta,\hat{\pi})-p\ell_n(\theta^*,\hat{\pi})\\ \leqslant\ &\bar{z}_a^{\tau}NA_1\bar{\zeta}-(1/2)\bar{\zeta}A_1^{\tau}NA_1\bar{\zeta}\\ &+\bar{z}_a^{\tau}NB_2\bar{\varsigma}-\bar{\varsigma}^{\tau}B_1^{\tau}NB_2\bar{\varsigma}+no_p(\|\bar{\zeta}\|^2+\|\bar{\varsigma}\|^2)\end{aligned} \tag{5.17}$$

其中

$$\bar{\varsigma}=(\bar{\sigma}_0,\bar{\sigma}_{11},\bar{\sigma}_{12},\bar{\sigma}_2)^{\tau},\ B_2=\begin{bmatrix}1&0&0&0\\0&1&0&0\\0&\pi&1-\pi&0\\0&0&1&0\\0&0&0&1\end{bmatrix}$$

其余的记号同（5.8）式。

显然，无论π取何值，A_1是秩为3的矩阵，B_2是秩为4的矩阵，因此$(A_1^{\tau}NA_1)^{-1}$与$(B_2^{\tau}NB_2)^{-1}$都是存在的。当参数满足

$$\bar{\zeta}=(A_1^{\tau}NA_1)^{-1}A_1^{\tau}N\bar{z}_a$$
$$\bar{\varsigma}=(1/2)(B_2^{\tau}NB_2)^{-1}B_2^{\tau}N\bar{z}_b$$

时，（5.17）式的右边达到最大，（5.17）式变成等式，此时的$\tilde{R}_{1n}$为：

$$\begin{aligned}\tilde{R}_{1n}&=2\{p\ell_n(\hat{\theta},\hat{\pi})-p\ell_n(\theta^*,\hat{\varphi})\}\\ &=\bar{z}_a^{\tau}N\hat{A}_1(\hat{A}_1^{\tau}N\hat{A}_1)^{-1}\hat{A}_1^{\tau}N\bar{z}_a\\ &\quad+(1/2)\bar{z}_a^{\tau}N\hat{B}_2(\hat{B}_2^{\tau}N\hat{B}_2)^{-1}\hat{B}_2^{\tau}N\bar{z}_b+o_p(1)\end{aligned}$$

其中，$\hat{A}_1$，$\hat{B}_2$是将$\hat{\pi}$代入A_1和B_2中得到的矩阵。

由 $\bar{\sigma}_{1h} = O_p(n^{-1/2})$，h=1,2，以及惩罚函数 $\tilde{p}_n(\sigma)$ 满足的假设条件 C6 可得：

$$\tilde{p}_n(\hat{\sigma}_{1h}) - \tilde{p}_n(\sigma_1^*) \leqslant o_p(n^{1/2})(\hat{\sigma}_{1h} - \sigma_1^*) = o_p(1)$$

所以有：

$$\begin{aligned} R_{1n} &= \tilde{R}_{1n} + o_p(1) \\ &= \bar{z}_a^\tau N\hat{A}_1(\hat{A}_1^\tau N\hat{A}_1)^{-1}\hat{A}_1^\tau N\bar{z}_a \\ &\quad +(1/2)\bar{z}_a^\tau N\hat{B}_2(\hat{B}_2^\tau N\hat{B}_2)^{-1}\hat{B}_2^\tau N\bar{z}_b + o_p(1) \end{aligned}$$

对第二部分 R_{2n}，其极限分布与等方差情形时是一样的。具体有：

$$\begin{aligned} \tilde{R}_{2n} &= 2\{p\tilde{\ell}_n(\hat{\varphi}) - p\tilde{\ell}_n(\varphi^*)\} \\ &= \bar{z}_a^\tau N\hat{A}_1(T_1^\tau\hat{A}_1^\tau N\hat{A}_1T_1)^{-1}T_1^\tau\hat{A}_1^\tau N\bar{z}_a \\ &\quad +(1/2)\bar{z}_a^\tau NB_1(B_1^\tau NB_1)^{-1}B_1^\tau N\bar{z}_b + o_p(1) \end{aligned}$$

由矩阵 B_1 与 $\hat{B}_2$ 的关系

$$B_1 = \hat{B}_2\begin{pmatrix} 1 & 0 & 0 \\ 0 & 1 & 0 \\ 0 & 1 & 0 \\ 0 & 0 & 1 \end{pmatrix} = \hat{B}_2T_2$$

可得：

$$\begin{aligned} \tilde{R}_{2n} &= \bar{z}_a^\tau N\hat{A}_1(T_1^\tau\hat{A}_1^\tau N\hat{A}_1T_1)^{-1}T_1^\tau\hat{A}_1^\tau N\bar{z}_a \\ &\quad +(1/2)\bar{z}_a^\tau N\hat{B}_2T_2(T_2^\tau\hat{B}_2^\tau N\hat{B}_2T_2)^{-1}T_2^\tau\hat{B}_2^\tau N\bar{z}_b + o_p(1) \end{aligned}$$

又对惩罚函数有：

$$\tilde{p}_n(\hat{\sigma}_1) - \tilde{p}_n(\sigma_1^*) \leqslant o_p(n^{1/2})(\hat{\sigma}_1 - \sigma_1^*) = o_p(1)$$

所以有：

$$\begin{aligned} R_{2n} &= \tilde{R}_{2n} + o_p(1) \\ &= \bar{z}_a^\tau N\hat{A}_1(T_1^\tau\hat{A}_1^\tau N\hat{A}_1T_1)^{-1}T_1^\tau\hat{A}_1^\tau N\bar{z}_a \\ &\quad +(1/2)\bar{z}_a^\tau N\hat{B}_2T_2(T_2^\tau\hat{B}_2^\tau N\hat{B}_2T_2)^{-1}T_2^\tau\hat{B}_2^\tau N\bar{z}_b + o_p(1) \end{aligned}$$

类似于 $\hat{S}_1$，$\hat{S}_2$ 的定义，又定义

$$\hat{S}_3 = N^{1/2}\hat{B}_2(\hat{B}_2^\tau N\hat{B}_2)^{-1}\hat{B}_2^\tau N^{1/2}$$

$$\hat{S}_4 = N^{1/2}\hat{B}_2T_2(T_2^\tau\hat{B}_2^\tau N\hat{B}_2T_2)^{-1}T_2^\tau\hat{B}_2^\tau N^{1/2}$$

则有：

$$R_n = R_{1n} - R_{2n}$$
$$= \bar{z}_1^\tau N^{1/2}(\hat{S}_1 - \hat{S}_2) N^{1/2} \bar{z}_a + \bar{z}_b^\tau N^{1/2}(\hat{S}_3 - \hat{S}_4) N^{1/2} \bar{z}_b + o_p(1)$$

在等方差情形中得知上式中的第一项渐近服从χ_1^2。类似地，对第二项，可知$\hat{S}_3$，$\hat{S}_4$与$\hat{S}_3 - \hat{S}_4$都是对称幂等矩阵，并且$\hat{S}_3$与$\hat{S}_4$的秩分别为4和3。又由中心极限定理可知，$1/\sqrt{2}\,N^{1/2}\bar{z}_b$渐近服从正态分布$N(0, I_5)$，因此第二项也渐近服从$\chi_1^2$。又由$\bar{z}_a$与$\bar{z}_b$的独立性，可以得到统计量$R_n$的极限分布为$\chi_2^2$。

定理5.4中的结论说明，似然比检验统计量的极限分布为χ_2^2。这个极限分布也与经典统计学理论中似然比统计量的极限分布一致。这是因为对模型（5.10），四组符合正态模型的子样本就能够给均值参数以及方差参数带来充分的信息，使$\beta^P - \beta^* = O_p(n^{-1/2})$，$\beta^M - \beta^* = O_p(n^{-1/2})$以及$\hat{\sigma}_{11} - \sigma_1^* = O_p(n^{-1/2})$，$\hat{\sigma}_{12} - \sigma_1^* = O_p(n^{-1/2})$，$\beta^*$，$\sigma_1^*$表示原假设下参数的真值。这些信息足以使符合混合模型的一组子样本起不到决定性作用。

设Robs为由观测数据计算而来的统计量值，假设检验的P值可以由以下公式来计算：

$$P = \Pr(\chi_2^2 > Robs)$$

在印记基因检验问题中，当P值小于某个检验水平时，可以推断该基因有印记发生。

另外，χ_2^2的极限分布相对于第3章中定理3.2统计量的极限分布χ_3^2，自由度由3降为2。在假设检验中，这将有利于检验功效的提高。在实际计算中，为了能够在有限样本下较好地控制第一类错误，同样也可以对混合比例加以惩罚。选取满足条件C1的惩罚函数不会改变定理5.3与5.4的结论。

5.3 小结

在本章中，考虑了基于核心家庭数据的混合模型。在核心家庭数据中，父母基因型的信息有助于判断孩子等位基因的来源。在杂合子中，若父母中有一方是纯合子，那就可以确定孩子等位基因中哪个来自父亲，哪个来自母亲。只有孩子和父母三人都为杂合时，才不能判断，也只有在此时，样本才符合一个混合模型。在混合正态模型中，本章考虑了等方差以及异方差的两种情形。

父母基因型作为辅助信息，为混合模型的推断提供了强大的帮助。充分的信息使得参数的MLE具有相合性，且对均值参数以及方差参数都有$O_p(n^{-1/2})$的收敛速度，似然比检验统计量的极限分布也与没有混合时经典统计学中似然比检验统计量的极限分布一致，都为通常的卡方分布。与没有父母时的极限分布相比，自由度有所下降，提高了检验的功效。

在本章的模型5.1和5.10中，都能看出参数不具有对称性，因此在估计参数时不需要对参数做任何限制。进而，在印记基因检验显著后，可以通过进一步的检验来判断是父源印记还是母源印记。对应地可以进一步检验$H_0:\beta^P=0$，$H_0:\beta^M=0$或者$H_0:\beta^P<\beta^M$等。

6 研究结论及展望

本章是对本书主要内容的一个总结。首先总结了本书的主要研究结论；然后指出了本书的主要创新和不足之处；最后展望了基于辅助信息的混合模型研究的未来发展。

6.1 研究结论

本书主要针对遗传学中的印记基因识别问题，研究了带有辅助信息的有限混合正态模型。通常的有限混合正态分布不满足经典统计学中的正则条件，因此许多经典统计学中的结论不能直接使用。在有辅助信息的情况下，可以更好地解决这些问题。本书在理论上研究了有辅助信息的情况下，混合模型中参数的可识别性，参数 MLE 的相合性以及 LRT 统计量的极限分布。在应用中，实现了群体数据中的印记基因检验，并在精神分裂症数据中做了应用。

根据印记基因的特点，本书提出了在两种辅助信息下的混合模型，即群体数据下和核心家庭数据下的辅助信息。

在第一种模型中，考虑了群体数据。杂合子样本的等位基因的父母来源未知，可以假设其表达值符合一个两成分的混合模型，而两组纯合子样本则作为辅助信息对模型进行推断。其中又分别讨论了等方差和异方差假定下的两个模型。在等方差模型中，利用纯合子信息使得当混合比例不为0.5时均值参数的估计收敛速度$O_p(n^{-1/2})$，较之无辅助信息时的$O_p(n^{-1/4})$有所提高，这时似然比检验统计量的极限分布为一个混合卡方分布（$0.5\chi_1^2+0.5\chi_2^2$），从模拟中也能看出检验功效也有了较大提高。对异方差的模型，在辅助信息的帮助下得到了基于惩罚函数的似然比检验统计量的极限分布为χ_3^2。异方差的模型更符合实际情况，比等方差的模型考虑更全面，能够识别均值相等、方差不等的情况。在等方差及异方差假定的两个模型下，还考虑了EM－检验方法。将辅助信息和EM－检验方法结合起来，细致地讨论了在选取不同混合比例π的初值时似然比统计量的极限分布，并据此构造了相应的EM－检验统计量，推导出EM－检验统计量的极限分布。

在基于群体数据的模型中，大量的模拟研究证实了理论极限分布的正确性，并比较了各组参数下假设检验的经验第一类错误和检验功效，同时根据结果直观给出了相应的解释。在对精神分裂症数据的实际应用中，也比较了各个方法的检验结果，统计检验结果也有较强的证据说明在GABRB2基因中存在的印记现象，这些印记现象与疾病的关系还需要生物学家进一步研究。

在第二种模型中，考虑了核心家庭数据。由基因遗传的特点可知，只有当孩子和父母都为杂合子时，对应的性状数据才符合混合模型，其他情况都可以作为辅助信息来对混合模型进行推断。由于在核心家庭数据中，辅助信息较多，这些辅助信息足以能够推断模型，而使得符合混合模型的子样本不起决定性作用，因此得出的似然比统计量极限分布与经典统计学中的结论一致。

6.2 创新与不足

6.2.1 创新之处

本书的主要创新之处有：

第一，提出了研究混合模型的一个新思路，即利用一些额外数据的辅助信息来解决有限混合模型中非正则的问题。

第二，通过建立带有辅助信息的混合模型，利用统计学中的假设检验问题来解决在群体数据中印记基因识别的问题，分析了精神分裂症数据中GABRB2基因中的印记情况以及与疾病的关系。

第三，分别建立了群体数据下等方差与异方差的混合正态模型。利用纯合子样本的辅助信息使得参数的MLE有相合性且收敛速度有所提高，同时使得似然比检验统计量有简单且易使用的极限分布，假设检验的功效有较大的提高。

第四，构建了群体数据下混合模型中的EM-检验统计量，分析了在不同混合比例下似然比统计量极限分布的区别，推导了EM-检验统计量的极限分布。

第五，建立了在核心家庭数据下的混合模型，利用父母的数据信息证明了参数MLE的相合性，推导了似然比检验统计量的极限分布，进一步分析了辅助信息对推断混合模型的巨大作用。

6.2.2 不足之处

虽然利用纯合子样本或者父母信息的辅助信息能够对混合模型进行较好的研究，但是本书也有一定的局限性，主要有：

第一，本书只考虑了两种特殊情况下的辅助信息，在未来的研究中可以考虑更广泛的辅助信息，比如可以考虑更全面的家系数据或者同胞对数据等，也可以考虑其他协变量对混合模型的信息。

第二，本书只考虑了服从正态分布的连续型性状，在混合模型的假定中除了考虑正态模型外，还可以考虑其他的模型甚至是非参数模型，这样能够符合实际中的各种问题。

第三，对印记基因的检验，本书中只考虑了单个SNP的情形。对多个SNP的情况，可以通过多重检验来实现，其中各个SNP之间的关系也需要考虑周全，一些协变量的影响也应该全面考虑。

以上这些问题需要深入研究来逐步解决。

6.3 未来展望

在本书的研究中，能够看出辅助信息对混合模型的巨大优势。首先，辅助信息能使混合正态模型在退化到单一正态模型时，参数仍然能够被识别并且有相合性。其次，辅助信息能提高参数估计收敛的速度，并能使似然比检验的极限分布具有简单且容易使用的形式。最后，辅助信息能够提高假设检验的功效。因此，辅助信息对于混合模型的研究是非常有利的。

在未来对混合模型的研究中，可以适当寻求一些辅助信息来协助研究。辅助信息是各种各样的，可以是额外的数据信息，也可以是一些协变量信息。比如在研究基于混合模型的聚类问题中，利用已知的部分信息可以对混合模型的推断有一定的帮助，对最终的聚类结果也会有一定的帮助。这就类似于在半监督学习中，部分数据是有标签的，利用这些标签数据能够对聚类的结果有一定的帮助。

统计推断是利用有限的数据信息来挖掘数据背后隐藏的统计规律，如果能够在有限的数据基础上再寻找一些相关信息，这对最终的统计推断一定是有帮助的。相信在未来的统计发展中，如何利用辅助信息进行统计推断将是一个非常重要的问题。

主要参考文献

[1] Bickel P, Chernoff H. Asymptotic Distribution of the Likelihood Ratio Statistic in a Prototypical Non Regular Problem [M] // Ghosh J K, Mitra S K, Parthasarathy K R and Prakasa Rao B L S .Statistics and Probability: A Raghu Raj Bahadur Festschrift. New Delhi: Wiley Eastern, 1993: 83-96.

[2] Bruce G L. Mixture Models: Theory, Geometry and Applications [M]. Bethesda, MD: Institute of Mathematical Statistics, 1995: 9-17, 65-66.

[3] Chen H, Chen J, Kalbfleisch J D. A Modified Likelihood Ratio Test for Homogeneity in Finite Mixture Models [J]. Journal of the Royal Statistical Society, Series B, 2001, 63 (1): 19-29.

[4] Chen H, Chen J. Large Sample Distribution of the Likelihood Ratio Test for Normal Mixtures [J]. Statistics & Probability Letters, 2001, 52 (2): 125-133.

[5] Chen H, Chen J. The Likelihood Ratio Test for Homogeneity in Finite Mixture Models [J]. Canadian Journal of Statistics, 2001, 29 (2): 201-215.

[6] Chen H, Chen J. Tests for Homogeneity in Normal Mixtures in the

Presence of a Structural Parameter [J]. Statistica Sinica, 2003, 13 (2): 351-365.

[7] Chen H, Chen J, Kalbfleisch J D. Modified Likelihood Ratio Test in Finite Mixture Models with a Structural Parameter [J]. Journal of Statistical Planning and Inference, 2005, 129 (1): 93-107.

[8] Chen J. Optimal Rate of Convergence for Finite Mixture Models [J]. The Annals of Statistics, 1995, 23 (1): 221-233.

[9] Chen J. Penalized Likelihood-Ratio Test for Finite Mixture Models with Multinomial Observations [J]. Canadian Journal of Statistics, 1998, 26 (4): 583-599.

[10] Chen J. Consistency of the MLE under Mixture Models [J]. Statistical Science, 2017, 32 (1): 47-63.

[11] Chen J. On Finite Mixture Models [J]. Statistical Theory and Related Fields, 2017, 1 (1): 15-27.

[12] Chen J, Li P. Hypothesis Test for Normal Mixture Models: The EM Approach [J]. The Annals of Statistics, 2009, 37 (5A): 2523-2542.

[13] Chen J, Li P. The Limiting Distribution of the EM-Test of the Order of a Finite Mixture [M] // Mengersen K, Robert C, Titterington D .Mixture Estimation and Applications. Hoboken, NJ: Wiley, 2011: 55-76.

[14] Chen J, Li P. Tuning the EM-test for Finite Mixture Models [J]. The Canadian Journal of Statistics, 2011, 39 (3): 389-404.

[15] Chen J, Li P, Fu Y. Inference on the Order of a Normal Mixture [J]. Journal of the American Statistical Association, 2012, 107 (499): 1096-1105.

[16] Chen J, Li S, Tan X. Consistency of the Penalized MLE for Two Parameter Gamma Mixture Models [J]. Science China: Mathematics. 2016, 59 (12): 2301-2318.

[17] Chen J, Tan X, Zhang R. Inference for Normal Mixtures in Mean and Variance [J]. Statistics Sinica, 2008, 18 (2): 443-465.

[18] Chernoff H, Lander E. Asymptotic Distribution of the Likelihood Ratio Test that a Mixture of Two Binomials is a Single Binomial [J]. Journal of Statistical Planning and Inference, 1995, 43 (1): 19-40.

[19] Dacunha-Castelle D, Gassiat E. Testing in Locally Conic Models, and Application to Mixture Models [J]. Probability and Statistics, 1997(1):

285-317.

[20] Dempster A P, Laird N M, Rubin D B. Maximum Likelihood from Incomplete Data via the EM Algorithm [J]. Journal of the Royal Statistical Society, Series B (Methodological), 1977, 39 (1): 1-38.

[21] Falls J G, Pulford D J, Wylie A A, et al. Genomic Imprinting: Implications for Human Disease [J]. The American Journal of Pathology, 1999, 154 (3): 635-647.

[22] Feng R, Zhang H P. A Genomic Imprinting Test for Ordinal Traits in Pedigree Data [J]. Genetic Epidemiology, 2008, 32 (2): 132-142.

[23] Fu Y, Chen J, Li P. Modified Likelihood Ratio Test for Homogeneity in a Mixture of von Mises Distributions [J]. Journal of Statistical Planning and Inference, 2008, 138 (3): 667-681.

[24] Garel B. Asymptotic Theory of the Likelihood Ratio Test for the Identification of a Mixture [J]. Journal of Statistical Planning and Inference, 2005, 131 (2): 271-296.

[25] Ghosh J K and Sen P K. On the Asymptotic Performance of the Log-Likelihood Ratio Statistic for the Mixture Model and Related Results [M]. Proceedings of the Berkeley Conference in Honor of Jerzy Neyman and Jack Kiefer, Edited by LeCam L and Olshen R A, 1985: 789-806.

[26] Hall P, Stewart M. Theoretical Analysis of Power in a Two- Component Normal Mixture Model [J]. Journal of Statistical Planning and Inference, 2005 (1), 134: 158-179.

[27] Hartigan J A. A Failure of Likelihood Asymptotics for Normal Mixtures [C]. Proceedings of the Berkeley Conference in Honor of Jerzy Neyman and Jack Kiefer. Edited by LeCam L and Olshen R A, 1985: 807-810.

[28] Hathaway R J. A Constrained Formulation of Maximum-Likelihood Estimation for Normal Mixture Distributions [J]. The Annals of Statistics, 1985, 13 (2): 795-800.

[29] He F, Zhou J Y, Hu Y Q, et al. Detection of Parent-of-Origin Effects for Quantitative Traits in Complete and Incomplete Nuclear Families with Multiple Children [J]. American Journal of Epidemiology, 2011, 174 (2): 226-233.

[30] Herbert A, Gerry N P, McQueen M B, et al. A Common Genetic Vari-

ant is Associated with Adult and Childhood Obesity [J]. Science, 2006, 312 (5771): 279-283.

[31] Hu Y Q, Zhou J Y, Fung W K. An Extension of the Transmission Disequilibrium Test Incorporating Imprinting [J]. Genetics, 2007, 175 (3): 1489-1504.

[32] Hu Y Q, Zhou J Y, Sun F Z, et al. The Transmission Disequilibrium Test and Imprinting Effects Test Based on Case-Parent Pairs [J]. Genetic Epidemiology, 2007, 31 (4): 273-287.

[33] Jiang Y, Langley B, Lubin F D, et al. Epigenetics in the Nervous System [J]. The Journal of Neuroscience, 2008, 28 (46): 11753-11759.

[34] Kanwal R, Gupta S. Epigenetic and Cancer [J]. Journal of Applied Physiology, 2010, 109 (2): 598-605.

[35] Kiefer J, Wolfowitz J. Consistency of the Maximum Likelihood Estimator in the Presence of Infinitely Many Incidental Parameters [J]. The Annals of Mathematical Statistics, 1956, 27 (4): 887-906.

[36] Kistner E O, Infante-Rivard C, Weinberg C R. A Method for Using Incomplete Triads to Test Maternally Mediated Genetic Effects and Parent-of-Origin Effects in Relation to a Quantitative Trait [J]. American Journal of Epidemiology, 2006, 163 (3): 255-261.

[37] Kistner E O, Weinberg C R. Method for Using Complete and Incomplete Trios to Identify Genes Related to a Quantitative Trait [J]. Genetic Epidemiology, 2004, 27 (1): 33-42.

[38] Klein R J, Zeiss C, Chew E Y, et al. Complement Factor H Polymorphism in AgeRelated Macular Degeneration [J]. Science, 2005, 308 (5720): 385-389.

[39] Lee S C K, Lin X S. Modeling and Evaluating Insurance Losses Via Mixtures of Erlang Distributions [J]. North American Actuarial Journal, 2010, 14 (1): 107-130.

[40] Lemdani M, Pons O. Likelihood Ratio Tests in Contamination Models [J]. Bernoulli, 1999, 5 (4): 705-719.

[41] Li P, Chen J, Marriott P. Non Finite Fisher Information and Homogeneity: An EM Approach [J]. Biometrika, 2009, 96 (2): 411-426.

[42] Li P, Chen J. Testing the Order of a Finite Mixture [J]. Journal of the American Statistical Association, 2010, 105 (491): 1084-1092.

[43] Li S, Chen J. Test for Homogeneity under Gamma Mixture Model [J]. Journal of Systems Science and Mathematical Sciences, 2015, 35 (12): 1418-1435.

[44] Li S, Chen J, Guo J H, et al. Likelihood Ratio Test for Multisample Mixture Model and Its Application to Genetic Imprinting [J]. Journal of the American Statistical Association, 2015, 110 (510): 867-877.

[45] Li S, Chen J, Li P. MixtureInf: Inference for Finite Mixture Models [EB/OL]. [2016-12-30]. http://cran.r-project.org/ package=MixtureInf.

[46] Liu X, Shao Y. Asymptotics for Likelihood Ratio Tests Under Loss of Identifiability [J]. The Annals of Statistics, 2003, 31 (3): 807-832.

[47] Liu X, Shao Y. Asymptotics for the Likelihood Ratio Test in a Two-Component Normal Mixture Model [J]. Journal of Statistical Planning and Inference, 2004, 123 (1): 61-81.

[48] Lo W S, Lau C F, Xuan Z, et al. Association of SNPs and Haplotypes in $GABA_A$ Receptor β_2 Gene with Schizophrenia [J]. Molecular Psychiatry, 2004, 9 (6): 603-608.

[49] McLachlan G, Peel D. Finite Mixture Models [M]. Hoboken,NJ:John Wiley and Sons Inc., 2000: 1-2, 41-44.

[50] Pearson K. Contributions to the Mathematical Theory of Evolution [J]. Philosophical Transactions of the Royal Society of London A, 1894 (185): 71-110.

[51] Pearson K. On the Criterion that a Given System of Deviations from the Probable in the Case of a Correlated System of Variables is Such that It Can be Reasonably Supposed to Have Arisen from Random Sampling [J]. Philosophical Magazine Series 5, 1900, 50 (302): 157-175.

[52] Pearson K. Walter Frank Raphael Calton. 1860-1906 [J]. Biometrika, 1906 (5): 1-52.

[53] Pons D, de Vries F R, van den Elsen P J, et al. Epigenetic Histone Acetylation Modifiers in Vascular Remodelling: New Targets for Therapy in Cardiovascular Disease [J]. European Heart Journal, 2009, 30 (3): 266-277.

[54] Pun F W, Zhao C, Lo W S, et al. Imprinting in the Schizophrenia Candidate Gene GABRB2 Encoding $GABA_A$ Receptor β_2 Subunit [J]. Molecular Psychiatry, 2011, 16 (5): 557-568.

[55] Redner K. Note on the Consistency of the Maximum Likelihood Estimate for Nonidentifiable Distributions [J]. The Annals of Statistics, 1981, 9 (1), 225-228.

[56] Tibshirani R. Regression Shrinkage and Selection via the Lasso [J]. Journal of the Royal Statistical Society, Series B, 1996, 58 (1): 267-288.

[57] Roeder K. A Graphical Technique for Determining the Number of Components in a Mixture of Normals [J]. Journal of the American Statistical Association, 1994, 89 (426): 487-500.

[58] Samani N J, Erdmann J, Hall A S, et al. Genomewide Association Analysis of Coronary Artery Disease [J]. The New England Journal of Medicine, 2007, 357 (5): 443-453.

[59] Saxena R, Voight B F, Lyssenko V, et al. Genome-Wide Association Analysis Identifies Loci for Type 2 Diabetes and Triglyceride Levels [J]. Science, 2007, 316 (5829): 1331-1336.

[60] Schork N J, Allison D B, Thiel B. Mixture Distributions in Human Genetics Research [J]. Statistical Methods in Medical Research, 1996, 5 (2): 155-178.

[61] Shen J, He X. Inference for Subgroup Analysis with a Structured Logistic-Normal Mixture Model [J]. Journal of the American Statistical Association, 2015, 110 (509): 303-312.

[62] Spielman R S, McGinnis R E, Ewens W J. Transmission Test for Linkage Disequilibrium: The Insulin Gene Region and Insulin Dependent Diabetes Mellitus (IDDM) [J]. American Journal of Human Genetics, 1993, 52 (3): 506-516.

[63] Strauch K, Fimmers R, Kurz T, et al. Parametric and Nonparametric Multipoint Linkage Analysis with Imprinting and Two-Locus-Trait Models: Application to Mite Sensitization [J]. American Journal of Human Genetics, 2000, 66 (6): 1945-1957.

[64] Torrey E F, Webster M, Knable M, et al. The Stanley Foundation Brain Collection and Neuropathology Consortium [J]. Schizophrenia Research, 2000, 44 (2): 151-155.

[65] Verbelen R, Gong L, Antonio K, et al. Fitting Mixtures of Erlangs to Censored and Truncated Data Using the EM Algorithm [J]. ASTIN Bulletin, 2015, 45 (3): 729-758.

[66] Wald A. Note on the Consistency of the Maximum Likelihood Estimate [J]. The Annals of Mathematical Statistics, 1949, 20 (4): 595-601.

[67] Walter J, Paulsen M. Imprinting and Disease [J]. Seminars in Cell & Development Biology, 2003, 14 (1): 101-110.

[68] Weinberg C R. Methods for Detection of Parent-of-Origin Effects in Genetic Studies of Case-Parents Triads [J]. American Journal of Human Genetics, 1999, 65 (1): 229-235.

[69] Weinberg C R, Wilcox A J, Lie R T. A Log-Linear Approach to Case-Parent-Triad Data: Assessing Effects of Disease Genes that Act Either Directly or Through Maternal Effects and that May be Subject to Parental Imprinting [J]. American Journal of Human Genetics, 1998, 62 (4): 969-978.

[70] Whittaker J C, Gharani N, Hindmarsh P, et al. Estimation and Testing of Parent-of-Origin Effects for Quantitative Traits [J]. American Journal of Human Genetics, 2003, 72 (4): 1035-1039.

[71] Wilks S S. The Large-Sample Distribution of the Likelihood Ratio for Testing Composite Hypotheses [J]. The Annals of Mathematical Statistics, 1938, 9 (1): 60-62.

[72] Wolfowitz J. On Wald's Proof of the Consistency of the Maximum Likelihood Estimate [J]. The Annals of Mathematical Statistics, 1949, 20 (4): 601-602.

[73] Wong S T, Li W K. Test for Homogeneity in Gamma Mixture Models Using Likelihood Ratio [J]. Computational Statistics and Data Analysis, 2014 (70): 127-137.

[74] Wu C F J. On the Convergence Properties of the EM Algorithm [J]. The Annals of Statistics, 1983, 1 (11): 95-103.

[75] Zhao C, Xu Z, Chen J, et al. Two Isoforms of $GABA_A$ Receptor β_2 Subunit with Different Electro Physiological Properties: Differential Expression and Genotypical Correlations in Schizophrenia [J]. Molecular Psychiatry, 2006, 11 (12): 1092-1105.

索引